브라질 포르투갈어 문법·어휘 마스터

실용 표현 길잡이

단국대학교 교수 **김한철** 지음

동인랑

본 『브라질 포르투갈어 문법·어휘 마스터: 실용 표현 길잡이』는 교육부 국립국제교육원의 '특수외국어 전문교육기관 사업비'를 지원받아 수행한 결과물입니다.

브라질 포르투갈어 문법·어휘 마스터

초판1쇄 발행일 2026년 2월 5일

지은이 | 김한철
발행인 | 김인숙

펴낸곳 | (주)동인랑
디자인 | 서진
Printing | 삼덕정판사

등 록 | 제 6-0406호
주 소 | 서울 노원구 화랑로 465
전 화 | 02-967-0700 **팩 스** | 02-967-1555
홈페이지 | www.donginrang.co.kr
이메일 | webmaster@donginrang.co.kr

가 격 | 21,500원
ISBN | 978-89-7582-697-9 13770

들어가는 말

세상에서 가장 열정적인 언어, 브라질 포르투갈어의 세계로 초대합니다.

남미 대륙의 중심에 자리한 브라질은 광활한 대자연과 축구의 열정, 삼바의 리듬으로 우리에게 익숙한 나라입니다. 이 활기 넘치는 사회와 문화를 깊이 이해하고 소통하려면 브라질 포르투갈어 학습이 필수적입니다. 특히 브라질식 포르투갈어는 유럽식 포르투갈어와 발음, 문법, 어휘에서 차이를 보이므로, 브라질과의 교류나 문화 콘텐츠 활용을 위해서는 현지에 맞는 학습이 중요합니다. 이러한 배경에서 『브라질 포르투갈어 문법·어휘 마스터: 실용표현 길잡이』는 학습자들이 브라질 포르투갈어를 보다 쉽고 즐겁게 마스터할 수 있도록 기획되었습니다.

첫째, 학습자들이 알파벳부터 발음, 액센트, 기본 문장 구조까지 차근차근 익히며 기초를 탄탄히 다질 수 있도록 구성했습니다.

둘째, "문법 마스터" 섹션은 핵심 문법 요소를 동사편 10과와 비동사편 10과로 나누어 설명하며, 각 문법이 실제 대화에서 어떻게 사용되는지 보여주는 풍부한 예문과 연습문제를 통해 학습자가 배운 내용을 즉시 말하기와 쓰기에 적용할 수 있도록 구성했습니다.

셋째, "어휘 마스터" 섹션은 일상생활에서 사용 가능한 생생한 어휘를 40가지 테마로 나누어 다루며, 초급 수준을 넘어선 심화 어휘 표현까지 제시하여 깊이 있는 어휘 학습이 가능하도록 구성했습니다.

넷째, 부록에는 주요 동사의 시제별 동사변화표를 수록하여, 학습자들이 문법적으로 혼동되는 상황에서 즉각적으로 참고하고 연습 문제 풀이에 활용할 수 있도록 하였습니다.

이 책은 브라질 포르투갈어를 배우고자 하는 학생, 주재원, 지역전문가는 물론, 비즈니스 소통이나 문화 교류 등 브라질과의 새로운 연결을 원하는 모든 분들을 위한 실용적인 길잡이가 될 것입니다. 언어 학습의 여정은 때때로 험난할 수 있지만, 이 책이 여러분의 든든한 동반자가 되어줄 것이라 믿으며, 성공적인 브라질 포르투갈어 마스터를 기원합니다.

이 책이 출간되기까지 열정적으로 애써주신 ㈜동인랑 대표님께 깊이 감사드리며, 원활한 작업 진행을 위해 아낌없는 도움을 주신 Rafael Strauss 선생님과 박수현 선생님에게도 감사의 마음을 전합니다. 마지막으로 저의 가장 큰 응원군인 사랑하는 아내와 멋진 아들에게 이 지면을 빌려 고마움을 표합니다.

저자 김한철

차례

01 발음과 문장구조

02 문법 마스터

동사편

비동사편

03 어휘 마스터

04 부록

01 발음과 문장구조

01 알파벳

대(소)문자	명칭(한글음역)	음가
A a	[a] 아	아
B b	[be] 베	ㅂ
C c	[ce] 쎄	ㄲ, ㅆ
D d	[de] 데	ㄷ, ㅈ
E e	[e] 에	에(애), 이
F f	[efi] 에(애)피	ㅍ
G g	[ʒe] 졔	ㄱ, ㅈ
H h	[agá] 아가	묵음
I i	[i] 이	이
J j	[ʒɔta] 죠(져)따	ㅈ
K k	[ka] 까	ㄲ
L l	[ɛli] 엘(앨)리	ㄹ, 우
M m	[emi] 에미	ㅁ, ㅇ
N n	[eni] 에니	ㄴ, ㅇ
O o	[ɔ] 오(어)	오(어), 우
P p	[pe] 뻬	ㅃ
Q q	[ke] 께	ㄲ
R r	[ɛRi] 에(애)히	ㅎ, ㄹ
S s	[ɛsi] 에(애)씨	ㅆ(ㅅ), ㅈ
T t	[te] 떼	ㄸ, ㅊ
U u	[u] 우	우
V v	[ve] 베	ㅂ
W w	[dablyu] 다블류	ㅂ
X x	[ʃis] 쉬스	쉬, ㅈ, ㅆ(ㅅ), ㄱㅆ
Y y	[ipsilõ] 입실롱	이
Z z	[ze] 제	ㅈ, ㅅ

- 알파벳은 영어의 알파벳과 같은 형태이다.
- k, w, y는 외래어 알파벳으로 고유명사나 약자에만 사용된다.
- 각 어휘의 발음은 규칙에 따라 발음하면 된다.

02 모음

1) 단모음

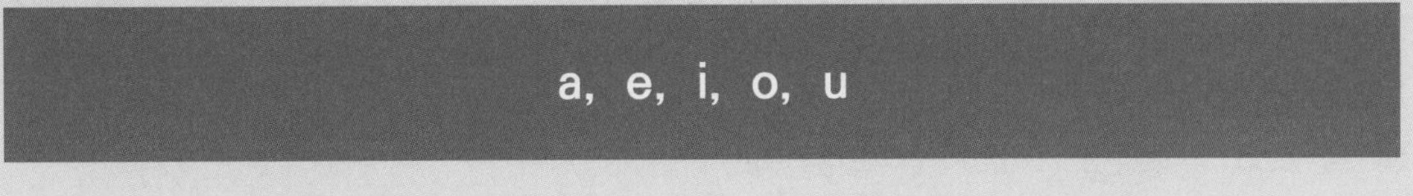

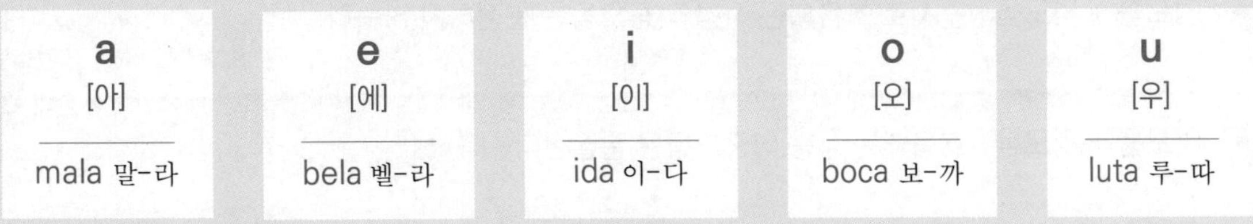

● 기본적으로 다섯 개의 모음 a, e, i, o, u 는 음가 그대로 발음한다.

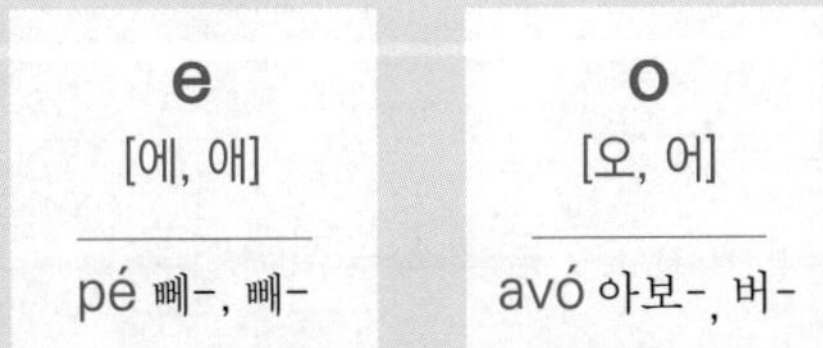

● e를 [ɛ], o를 [ɔ]와 같이 열린음으로 발음해야 하는 경우는 [애]와 [어]에 가깝게 발음한다. 한글표기는 [에]와 [오]로 표기한다.

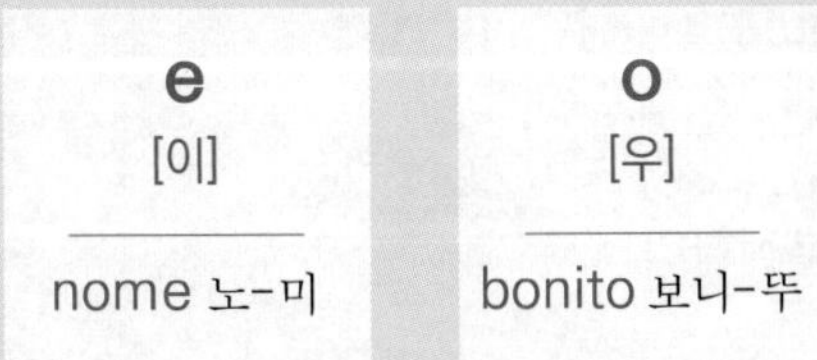

● e와 o에 강세가 없는 경우(특히 어말), [이]와 [우]로 발음한다.

2) 이중모음

ai, ei, oi, au, eu, ou, ui

- a, e, o 는 강모음, i, u 는 약모음이라 한다.

- 강모음 + 약모음 순서로 조음되는 하강 이중모음은 분절하지 않는다.

- 약모음 + 강모음 조음되는 상승 이중모음은 분절한다.

- 본서에서는 강모음 + 약모음 또는 약모음 + 약모음 로 쓰일 때만 이중모음이라 칭하며, 이중모음은 분절되지 않아 하나의 모음으로 간주하고 강세는 앞 모음에 있다.

  janeiro 쟈네-이루, coisa 꼬-이자, ouro 오-루, muito 무-이뚜

- 이중모음처럼 보이는 모음연접 이 있는 경우에도 음절 끝이 l, m, n, r, z 등 폐쇄음절이거나, 음절 처음이 lh, nh 일 때는 그 앞의 i와 u는 약모음이 아니므로 이런 경우는 분절해야 한다.

  Coimbra 꼬잉-브라, ainda 아잉-다, coelho 꼬엘-류, rainha 하잉-야

- 어말 음절이 이중모음 이면, 앞모음에 강세를 준다. 동사변화형 어미에도 적용된다.

  Manaus 마나-우스, museu 무제-우, tomei 또메-이, dormiu 도르미-우

- 모음+ i/u +모음 순서로 조음되면, 이중모음+모음으로 분절한다.

  Coreia 꼬레-이아, saia 싸-이아, passeio 빠쎄-이우

- 모음+ iu 또는 모음+ ui 순서로 조음되면, 모음+이중모음으로 분절한다.

  caiu 까이-우, construiu 꽁스뜨루이-우, destruiu 데스뜨루이-우

03 자음

1) 단자음

- B, F, H, J, K, P, Q, V, W, Y 는 단 한 가지 음가를 갖는다.
- C, D, G, L, M, N, R, S, T, X, Z 는 위치에 따라 두 가지 이상의 음가를 갖는다.
- 브라질 포르투갈어는 D, T에서 구개음화 현상이 나타난다.

B
[ㅂ]

- 영어의 [b].

Bruno 브루-누

C
[ㄲ, ㅆ]

- ca, co, cu, que, qui는 [까, 꼬, 꾸, 께, 끼].

Carlos 까-를루스

- ça, ço, çu, ce, ci는 [싸, 쏘, 쑤, 쎄, 씨].

César 쎄-자르

D
[ㄷ, ㅈ]

- da, do, du, de는 [다, 도, 두, 데].

Daniela 다니엘-라

- di는 [지]. (de에 강세가 없을 때도 포함)

Diana 지아-나, Neide 네-이지

F
[ㅍ]

- 영어의 [f].

Fabiano 파비아-누

G
[ㄱ, ㅈ]

- ga, go, gu, gue, gui는 [가, 고, 구, 게, 기].

  Gabriela 가브리엘-라

- ja, jo, ju, ge, gi는 [쟈, 죠, 쥬, 졔, 쥐].

  Gisele 쥐젤-리

- 예외: gu, qu 다음에 e, i가 오면 u는 묵음.

H
묵음

- 발음하지 않음.

  Helena 엘레-나

- 예외: ch는 [쉬], lh, nh에서 h는 [이] 첨가 발음.

  Chico 쉬꾸, Coelho 꼬엘-류, Ronaldinho 호나우징-유

J
[ㅈ]

- 영어의 [ʒ].

  Juliano 쥴리아-누

K
[ㄲ]

- 된소리 [ㄲ].

  Kátia 까-치아

L
[ㄹ, 우]

- [ㄹ] 발음.

  Lucas 루-까스

- 음절 끝의 l은 반모음화되어 [우]로 발음.

  Daniel 다니에-우

M
[ㅁ, ㅇ]

- [ㅁ] 발음.

  Manuela 마누엘-라

- 음절 끝에 올 때는 비음으로 발음.

  Joaquim 죠아낑-

N
[ㄴ, ㅇ]

• [ㄴ] 발음.

Natália 나딸-리아

• 음절 끝에 올 때는 비음으로 발음.

Afonso 아퐁-수

P
[ㅃ]

• 된소리 [ㅃ].

Paulo 빠-울루

Q
[ㄲ]

• 된소리 [ㄲ].

Quaresma 꽈레-즈마

R
[ㅎ, ㄹ]

• 음절 앞에 올 때나 rr로 쓸 때는 [ㅎ] 발음.

Ronaldo 호나-우두, Ferreira 페헤-이라

• 모음과 모음 사이에서는 [ㄹ] 발음.

Carina 까리-나

S
[ㅆ(ㅅ), ㅈ]

• 음절 앞, 음절 끝에 오거나, ss로 쓸 때는 [ㅆ(ㅅ)] 발음.

Sandra 쌍-드라, Cássio 까-씨우

• 모음과 모음 사이, 모음과 유성자음 사이에 올 때는 ㅈ[z] 발음.

Luísa 루이-자, Esmeralda 이즈메라-우다

T
[ㄸ, ㅊ]

• ta, to, tu, te는 [따, 또, 뚜, 떼].

Tadeu 따데-우

• ti는 [치]. (te에 강세가 없을 때도 포함)

Tiago 치아-구, Odete 오데-치

V ㅂ	• 영어의 [v]. Viviane 비비아-니
W ㅂ	• 영어의 [v]. Wagner 바-기네르
X 쉬, ㅈ, ㅆ(ㅅ), ㄱㅆ	• 쉬[ʃ] 발음. Xavier 샤비에-르, Alexandre 알레샹-드리 • ㅈ[z] 발음. exame 이자-미, exemplo 이젱-쁠루 • ㅆ[s] 발음. próximo 쁘로-씨무, sexta 쎄-스타 • ㄱㅆ[ks] 발음. táxi 딱-씨, sexo 쎅-수
Y 이	• [i] 발음. Yara 야-라
Z ㅈ, ㅅ	• 모음 앞에 올 때는 ㅈ[z] 발음. Suzana 수자-나 • 어미에 올 때는 [ㅅ] 발음. Queiroz 께이로-스

2) 이중자음

bl, br, cl, cr, dr, fl, fr, gl, gr, pl, pr, tr

- 위의 이중자음은 두 개의 자음을 하나의 자음으로 간주하고 음절분해하지 않으며, 읽을 때 하나의 자음과 같이 읽는다.

  blusa 블루-자, drama 드라-마, trabalho 뜨라발-류

04 액센트

- 일반적으로 뒤에서 두 번째 음절에 강세

  casa 까-자, bonita 보니-따, Amazonas 아마조-나스

- **l, n, r, x, z, i, u, im, om, um, is, us, ins, ons, uns**로 끝나는 단어는 마지막 음절에 강세

  Brasil 브라지-우, doutor 도또-르, feliz 펠리-스, abacaxi 아바까쉬-,

  peru 뻬루-, assim 아씽-, edredom 에드레동-, atum 아뚱-

- 위의 규칙에 해당되지 않는 단어는 단어 자체에 강세 표시

  máquina 마-끼나, paraíso 빠라이-주, metrô 메뜨로-, estação 이스따써-웅

05 기본 문장구조

1) 평서문

주어 + 동사 + 보어/목적어.

- Ele é coreano. 그는 한국인이다.
- Ele joga futebol. 그는 축구를 한다.

2) 부정문

주어 + não + 동사 + 보어/목적어.

- Ele não é coreano. 그는 한국인이 아니다.
- Ele não joga futebol. 그는 축구를 하지 않는다.

3) 의문문

주어 + 동사 + 보어/목적어?

의문문은 평서문과 같은 어순에 물음표만 첨가하고 억양을 의문문처럼 올리면 된다.

- Ele é coreano? 그는 한국인이니?
- Ele joga futebol? 그는 축구를 하니?

01 문법 마스터 - 동사편

01과 ser / estar 동사

02과 직설법 현재 규칙

03과 직설법 현재 불규칙

04과 직설법 완전과거

05과 직설법 불완전과거

06과 직설법 미래와 과거미래

07과 직설법 현재완료와 과거완료

08과 접속법 현재

09과 접속법 과거

10과 접속법 미래

01과

ser/estar 동사

1 ser 동사 현재형

	단수	복수
1인칭	sou	somos
3인칭	é	são

● 용법: 변하지 않는 속성, 외모, 성격, 보통 '~이다'로 해석

① 국적　Eu sou brasileiro. 나는 브라질인이다.

② 직업　Ele é advogado. 그는 변호사이다.

③ 신분　Ele é solteiro. 그는 미혼이다.

④ 신체적 특성　Ela é bonita e alta. 그녀는 예쁘고 키가 크다.

⑤ 정신적 특성　Eles são inteligentes. 그들은 똑똑하다.

⑥ 움직일 수 없는 것　Onde é a prefeitura? 시청이 어디입니까?

⑦ 절대적인 시간　São 10 horas da noite. 저녁 10시이다.

2 estar 동사 현재형

	단수	복수
1인칭	estou	estamos
3인칭	está	estão

● 용법: 변할 수 있는 상태, 감정, '~있다'로 해석

① 신체적 상태 Ele está cansado. 그는 피곤하다.

② 정신적 상태 Eu estou muito triste. 나는 아주 슬프다.

③ 움직일 수 있는 것 Eu estou em casa. 나는 집에 있다.

④ 상대적인 시간 Está tarde para sair. 나가기엔 늦었다.

3 ser de 용법

ser + de (전치사) + 사람, 사물, 장소 = 소유, 재료, 출신을 표현

① 소유 Esta caneta é da Carina. 이 펜은 까리나 것이다.

② 재료 Esse relógio é de ouro. 이 시계는 금으로 만들어졌다.

③ 출신 Eu sou de Seul. 나는 서울 출신이다.

연습문제

① Eu __________ carioca e ele é paulista.

나는 리우 사람이고 그는 상파울루 사람이다.

② O dinheiro __________ na bolsa.

돈은 핸드백 안에 있다.

③ Esta companhia __________ portuguesa.

이 회사는 포르투갈 회사이다.

④ Eu __________ aqui e ela __________ ali.

나는 여기에 있고 그녀는 저기 있다.

⑤ Nossos amigos __________ brasileiros.

우리 친구들은 브라질 사람들이다.

⑥ Vocês __________ no escritório?

당신들은 사무실에 있나요?

⑦ Ele __________ o gerente da empresa? __________, sim.

그는 그 회사의 매니저인가요? 네, 그래요.

⑧ Vocês __________ as novas médicas? __________, sim.

당신들이 새로 오신 여의사들인가요? 네, 그래요.

⑨ Eu ___________ no banco.

나는 은행에 있다.

⑩ Hoje ___________ frio.

오늘은 춥다.

⑪ Lisboa ___________ uma cidade muito bonita.

리스본은 아주 예쁜 도시이다.

⑫ Nós ___________ felizes agora.

우리는 지금 행복하다.

⑬ Nós ___________ no hotel em São Paulo.

우리는 상파울루에 있는 호텔에 있다.

⑭ Carlos e Juliana ___________ vizinhos.

까를루스와 줄리아나는 이웃이다.

⑮ Nossos amigos ___________ no jardim.

우리 친구들은 정원에 있다.

⑯ Estes professores ___________ espanhóis.

이 교수들은 스페인 사람들이다.

⑰ O caderno ___________ na mesa? Não, não ___________.

노트는 책상 위에 있나요? 아니요, 없어요.

⑱ Você ____________ no hospital?

당신은 병원에 있나요?

⑲ Elas ____________ japonesas.

그녀들은 일본사람들이다.

⑳ Nós ____________ na praia e eles ____________ no cinema.

지금 우리는 해변에 있고, 그들은 영화관에 있다.

㉑ O cofre digital ____________ no escritório.

디지털 금고가 사무실에 있다.

㉒ O Canadá ____________ um país muito grande.

캐나다는 매우 큰 나라이다.

㉓ A janela ____________ aberta? ____________, sim.

창문이 열려 있나요? 네, 그래요.

㉔ Ele ____________ baixo e gordo.

그는 키가 작고 뚱뚱해요.

㉕ Nós ____________ aqui agora.

우리는 지금 여기에 있어요.

㉖ Nós ____________ portugueses.

우리는 포르투갈 사람이다.

㉗ A colher ___________ na mesa e ___________ de madeira.

숟가락이 식탁에 있는데, 나무로 만들어진 것이다.

㉘ Onde ___________ sua bicicleta?

당신의 자전거가 어디에 있나요?

㉙ Ele ___________ juiz e ___________ no tribunal agora.

그는 판사이고 지금 법원에 있다.

㉚ Você ___________ com febre. Acho que você ___________ com gripe.

너는 열이 있네. 난 네가 감기에 걸렸다고 생각해.

02과

직설법 현재 규칙

1 직설법 현재 규칙변화 형태

	-ar 동사	-er 동사	-ir 동사
1인칭단수	-o	-o	-o
3인칭단수	-a	-e	-e
1인칭복수	-amos	-emos	-imos
3인칭복수	-am	-em	-em

● 용법: 현재의 사실, 상태, 묘사

2 활용 예문

① **trabalhar**
일하다

Eu trabalho em São Paulo.
나는 상파울루에서 일한다.

Você trabalha em São Paulo? 너는 상파울루에서 일하니?

Ele/Ela/A gente trabalha em São Paulo.
그는/그녀는/우리는 상파울루에서 일한다.

Nós trabalhamos em São Paulo.
우리는 상파울루에서 일한다.

Vocês trabalham em São Paulo?
너희들은 상파울루에서 일하니?

Eles/Elas trabalham em São Paulo.
그들은/그녀들은 상파울루에서 일한다.

② **aprender**
배우다

Eu aprendo português.
나는 포르투갈어를 배운다.

Você aprende português?
너는 포르투갈어를 배우니?

Ele/Ela/A gente aprende português.
그는/그녀는/우리는 포르투갈어를 배운다.

Nós aprendemos português.
우리는 포르투갈어를 배운다.

Vocês aprendem português?
너희들은 포르투갈어를 배우니?

Eles/Elas aprendem português.
그들은/그녀들은 포르투갈어를 배운다.

③ **abrir**
열다

Eu abro a porta.
내가 문을 연다.

Você abre a porta?
네가 문을 여니?

Ele/Ela/A gente abre a porta.
그가/그녀가/우리가 문을 연다.

Nós abrimos a porta.
우리가 문을 연다.

Vocês abrem a porta?
너희들이 문을 여니?

Eles/Elas abrem a porta.
그들이/그녀들이 문을 연다.

3 실용 규칙동사

1) -ar 동사 [40]

falar 말하다

ficar 머무르다, ~되다

tomar 마시다, 취하다

começar 시작하다

continuar 계속하다

trabalhar 일하다

acabar 끝내다, 끝나다

procurar 찾아보다, 검색하다

amar 사랑하다

viajar 여행하다

achar 생각하다, 찾다

cantar 노래하다

entrar 들어가다

levar 가져가다, 데려가다

olhar 쳐다보다

parar 멈추다

gastar 소비하다

mandar 보내다, 명령하다

trocar 바꾸다, 교환하다

ligar 전화하다

morar 살다, 거주하다

chegar 도착하다

andar 걷다

ensinar 가르치다

ajudar 도와주다

estudar 공부하다

comprar 사다

passar 지나가다, 지내다

gostar 좋아하다

encontrar 만나다, 찾다

pensar 생각하다

fechar 닫다

chamar 부르다

precisar 필요하다

voltar 돌아오다

ganhar 얻다, 벌다, 이기다

pagar 지불하다

deixar 놔두다

mudar 바꾸다, 옮기다

conversar 대화하다

2) -er동사 [10]

comer 먹다

beber 마시다

aprender 배우다

vender 팔다

viver 살다, 생존하다

correr 달리다

escrever 쓰다

entender 이해하다

receber 받다

dever ~해야 한다, 빚지다

3) -ir동사 [10]

abrir 열다

partir 떠나다, 출발하다

assistir 보다, 참석하다

decidir 결정하다

existir 존재하다

dividir 나누다

permitir 허락하다

cobrir 덮다

discutir 논쟁하다, 토론하다

insistir 고집하다, 주장하다

연습문제

① **ligar** Aos domingos, __________ para minha mãe para saber como ela está.
나는 일요일마다 엄마 안부를 물으려고 전화한다.

② **morar** Meus amigos __________ no Porto.
내 친구들은 뽀르뚜에 산다.

③ **falar** Eu __________ inglês e português e ela __________ espanhol e italiano.
나는 영어와 포르투갈어를 말하고, 그녀는 스페인어와 이탈리아어를 말한다.

④ **entrar** Nós __________ no escritório do advogado.
우리는 변호사 사무실로 들어간다.

⑤ **perguntar** O professor __________ o nome do calouro.
교수님이 신입생 이름을 물어본다.

⑥ **tomar** Meus amigos __________ uísque com cerveja.
내 친구들은 위스키를 맥주와 함께 마신다.

⑦ **gostar** Nós __________ de viajar de trem.
우리는 기차로 여행하는 것을 좋아한다.

⑧ **começar** Eles ___________ a estudar chinês.

그들은 중국어를 공부하기 시작한다.

⑨ **mudar** Ela sempre ______________ de assunto quando falamos sobre o ex-namorado dela.

우리가 그녀의 전 남친에 대해 이야기할 때면 그녀는 항상 화제를 바꾼다.

⑩ **encontrar** Nós ____________ novos lugares para acampar todos os anos.

우리는 매년 새로운 캠핑 장소를 찾는다.

⑪ **conversar** Eu frequentemente _______________ com minha esposa sobre a viagem para Portugal.

나는 자주 아내와 포르투갈 여행에 대해 이야기한다.

⑫ **passar** O ônibus ___________ pela Av. Ipiranga, nos arredores da rodoviária.

버스는 터미널 근처의 이피랑가 대로를 지나간다.

⑬ **almoçar** Toda quarta-feira, ______________ no nosso restaurante favorito.

매주 수요일마다 우리는 가장 좋아하는 레스토랑에서 점심을 먹는다.

⑭ **jantar** Dizem que ele só ___________ depois da meia-noite.

그는 자정 이후에나 저녁을 먹는다고 한다.

⑮ **pensar** Ele sempre ________ em novas maneiras de melhorar os processos.

그는 항상 프로세스를 개선할 새로운 방법을 생각해낸다.

⑯ **escrever** Eu ________ cartas para ela todos os dias.

나는 그녀에게 매일 편지를 쓴다.

⑰ **atender** A recepcionista ________ o telefone.

접수담당자가 전화를 받는다.

⑱ **comer** Daniel ________ muito e Angela ________ pouco.

다니엘은 많이 먹고 앙젤라는 거의 먹지 않는다.

⑲ **aprender** Vocês não ________ russo na escola?

너희들은 학교에서 러시아어를 배우지 않니?

⑳ **beber** Nós não ________ vinho de manhã.

우리는 아침에 와인을 마시지 않는다.

㉑ **vender** Eu não ________ meu carro. Gosto muito dele.

나는 내 차를 팔지 않는다. 나는 이 차를 아주 좋아한다.

㉒ **responder** Ela não ________ às minhas perguntas.

그녀는 내 질문에 답하지 않는다.

㉓ **dever** Todos ________ respeitar as leis.

모두가 규칙을 따라야 한다.

㉔ **receber** Bruno ___________ e-mails de seus amigos.

브루누는 친구들로부터 이메일을 받는다.

㉕ **comprar/ vender** Ele ___________ e ___________ carros usados.

그는 중고차를 사고 판다.

㉖ **comer/ andar** Minha esposa ___________ pouco e ___________ muito.

나의 아내는 거의 먹지 않고 많이 걷는다.

㉗ **abrir** Ele é um cavalheiro que sempre ___________ portas para os outros.

그는 항상 다른 사람들에게 문을 열어주는 신사이다.

㉘ **partir** Depois do café da manhã, ___________ para visitar o museu de arte.

아침 식사 후 우리는 미술관 방문을 위해 출발한다.

㉙ **assistir** Toda semana, milhões de pessoas ___________ aos jogos da liga de futebol na TV.

매주 수백만 명의 사람들이 TV로 축구 리그 경기를 시청합니다.

㉚ **decidir** Esse voo é mais caro mas você ___________.

이 항공편이 더 비싸지만, 네가 결정해.

03과

직설법 현재 불규칙

1 직설법 현재 불규칙변화 형태

	ser	estar	ter	ir	vir	querer	poder
1인칭단수	sou	estou	tenho	vou	venho	quero	posso
3인칭단수	é	está	tem	vai	vem	quer	pode
1인칭복수	somos	estamos	temos	vamos	vimos	queremos	podemos
3인칭복수	são	estão	têm	vão	vêm	querem	podem

	fazer	trazer	dizer	saber	dar	ver	ler
1인칭단수	faço	trago	digo	sei	dou	vejo	leio
3인칭단수	faz	traz	diz	sabe	dá	vê	lê
1인칭복수	fazemos	trazemos	dizemos	sabemos	damos	vemos	lemos
3인칭복수	fazem	trazem	dizem	sabem	dão	veem	leem

	subir	ouvir	pedir	perder	dormir	preferir	pôr
1인칭단수	subo	ouço	peço	perco	durmo	prefiro	ponho
3인칭단수	sobe	ouve	pede	perde	dorme	prefere	põe
1인칭복수	subimos	ouvimos	pedimos	perdemos	dormimos	preferimos	pomos
3인칭복수	sobem	ouvem	pedem	perdem	dormem	preferem	põem

- 용법: 현재의 사실, 상태, 묘사

2 활용 예문

1) **ser** — Eu sou coreano.
이다 — 나는 한국인이다.

2) **estar** — Eu estou ocupado.
있다(상태) — 나는 바쁘다.

3) **ter** — Eu tenho muito dinheiro.
가지고 있다. ~가 있다 — 나는 돈이 많다.

4) **ir** — Eu vou ao cinema às vezes.
가다, ~할 것이다 — 나는 가끔 영화관에 간다.

5) **vir** — Eu venho aqui de ônibus.
오다 — 나는 버스로 여기 온다.

6) **querer** — Você quer viajar com a gente?
~하고 싶다 — 너는 우리와 함께 여행가고 싶어?

7) **poder** — Eu posso te ligar agora.
~할 수 있다, 해도 된다 — 나는 지금 너에게 전화할 수 있다.

8) **fazer** — Ele faz exercícios todos os dias.
~하다, 만들다 — 그는 매일 운동을 한다.

9) **trazer** — Eu sempre trago meu guarda-chuva.
가져오다, 데려오다 — 나는 항상 우산을 가져온다.

10) **dizer** — Ele diz que não sabe a resposta.
말하다 — 그는 정답을 모른다고 말한다.

11) **saber** — Eu sei falar português.
(개념, 정보, 기술) 알다 — 나는 포르투갈어를 할 줄 안다.

12) **dar** — Ele dá um presente à namorada.
주다 — 그는 여친에게 선물을 준다.

13) **ver** — Eu vejo minha mãe aos domingos.
보다 — 나는 일요일마다 엄마를 본다.

14) **ler**
읽다

Eu leio um livro antes de dormir.
나는 자기 전에 책을 읽는다.

15) **subir**
오르다

O salário mínimo sobe no próximo ano.
내년에 최저 임금이 오른다.

16) **ouvir**
듣다

Às vezes, ouço rádio quando estou no carro.
가끔 차에 있을 때 라디오를 듣는다.

17) **pedir**
요청하다, 주문하다

Eu peço a pizza ou você pede?
피자는 내가 주문할까, 네가 주문할래?

18) **perder**
잃어버리다

Eu perco as chaves muitas vezes.
나는 열쇠를 자주 잃어버린다.

19) **dormir**
자다

Ela dorme cedo e eu durmo tarde.
그녀는 일찍 자고 나는 늦게 잔다.

20) **preferir**
선호하다

Eu prefiro o azul ao vermelho.
나는 빨간색보다 파란색을 선호한다.

21) **pôr**
놓다, 넣다

Eu ponho a mesa para o almoço.
나는 점심식사를 위해 상을 차린다.

연습문제

① **ter/ir** Quando __________ tempo, __________ à academia antes de ir para casa.
나는 시간이 있을 땐, 집에 가기 전에 헬스장에 간다.

② **ver** Ele __________ seu orientador na escola todos os dias.
그는 매일 학교에서 지도교수를 본다.

③ **ouvir** Eu nunca __________ música enquanto trabalho.
나는 일하는 동안에는 절대 음악을 듣지 않는다.

④ **poder** As crianças __________ brincar no jardim.
아이들은 정원에서 놀 수 있다.

⑤ **vir** Eu __________ aqui de ônibus aos sábados.
나는 토요일마다 버스 타고 여기 온다.

⑥ **querer/preferir** Ela __________ comprar uma casa grande, mas eu __________ um apartamento pequeno.
그녀는 큰 집 사길 바라지만, 나는 작은 아파트를 선호한다.

⑦ **trazer** Todos os dias eu __________ minhas filhas aqui.
나는 매일 딸들을 여기 데려온다.

⑧ **dizer** Ele sempre ____________ 'boa noite' quando volta para casa à noite.

그는 밤에 집에 돌아올 때마다 항상 '안녕'이라고 인사한다.

⑨ **pedir** Normalmente ______________ o segundo prato do cardápio porque é sempre gostoso.

나는 보통 메뉴판에서 두 번째 요리를 주문해요. 항상 맛있거든요.

⑩ **pôr** Ele ____________ as chaves na gaveta.

그는 열쇠를 서랍에 넣는다.

⑪ **dar** Nós ______ conselhos para os alunos. Eles também ______.

우리는 학생들에게 조언을 해주고, 그들도 조언을 한다.

⑫ **fazer** Eu ________ exercícios de manhã. Quando você _______?

나는 아침에 운동해요. 당신은 언제 운동하세요.

⑬ **saber** Não ____________ como resolver esse problema.

이 문제를 어떻게 해결해야 할지 난 모르겠다.

⑭ **subir** As ondas na praia _____________ e descem criando um som relaxante.

해변의 파도가 오르내리며 편안한 소리를 낸다.

⑮ **ler** Em dias chuvosos, ____________ meus livros favoritos.

비 오는 날엔, 난 내가 좋아하는 책을 읽는다.

⑯ **dormir** Eu coloco meu amigo na minha cama e __________ no sofá.

나는 친구를 내 침대에 눕히고 소파에서 잔다.

⑰ **ir** Eles ________ jogar futebol ou basquete neste fim de semana.

그들은 이번 주말에 축구나 농구를 할 것이다.

⑱ **perder** Quando estou navegando pelas redes sociais, __________ o contato com meus amigos.

소셜 미디어를 탐색하다 보면, 나는 친구들과 연락이 끊긴다.

⑲ **fazer** A gente _______ projetos interessantes. Vocês não ______ ?

우리는 흥미로운 프로젝트를 하는데, 너희들은 안 하니?

⑳ **sair** Eu sempre __________ de casa às 7 horas.

나는 항상 7시에 집에서 나간다.

㉑ **conseguir** Não_______ parar de ouvir essa música porque ela é demais.

나는 이 노래가 너무 좋아서 듣는 걸 멈출 수가 없어요.

㉒ **dar** Todo mundo ________ presentes, mas eu não ________.

모두가 선물을 주지만, 나는 주지 않는다.

㉓ **querer** Eu __________ viajar pelo mundo com meu marido.

나는 남편과 함께 세계 여행을 하고 싶다.

㉔ **preferir** O que vocês __________? Pizza ou frango?

너희들은 피자랑 치킨 중에 뭘 더 좋아해?

㉕ **divertir** Eu ____________ meus alunos com histórias engraçadas.
나는 재미있는 이야기로 학생들을 즐겁게 해준다.

㉖ **pôr** Elas ____________ adoçante no café, mas eu não ____________.
그녀들은 커피에 감미료를 넣지만, 나는 넣지 않는다.

㉗ **ter** Eu não ____________ cartão de débito. Você ____________?
나는 체크카드가 없어. 너는 있어?

㉘ **ver** Faz muito tempo que não te ____________.
내가 널 못 본 지 오래되었다.

㉙ **vir/servir** Quando meus amigos ____________ me visitar, eu sempre ____________ chá para eles.
친구들이 나를 찾아올 때면 나는 항상 그들에게 차를 대접한다.

㉚ **poder** Não ____________ ficar nem mais um minuto com você.
나는 너랑 1분도 더 같이 있을 수 없다.

04과

직설법 완전과거

1 직설법 완전과거 규칙변화 형태

	-ar 동사	-er 동사	-ir 동사
1인칭단수	-ei	-i	-i
3인칭단수	-ou	-eu	-iu
1인칭복수	-amos	-emos	-imos
3인칭복수	-aram	-eram	-iram

- 용법: 과거에 끝난 사실, 상태

2 활용 예문

1) **falar**
말하다

Eu falei com a Maria ontem.
나는 어제 마리아와 얘기했다.

Você falou com a Maria ontem?
너는 어제 마리아와 얘기했니?

Ele/Ela/A gente falou com a Maria ontem.
그는/그녀는/우리는 어제 마리아와 얘기했다.

Nós falamos com a Maria ontem.
우리는 어제 마리아와 얘기했다.

Vocês falaram com a Maria ontem?
너희들은 어제 마리아와 얘기했니?

2) **comer**
먹다

Eu comi muito.
나는 많이 먹었다.

Você comeu muito?
너는 많이 먹었니?

Ele/Ela/A gente comeu muito.
그는/그녀는/우리는 많이 먹었다.

Nós comemos muito.
우리는 많이 먹었다.

Vocês comeram muito?
너희들은 많이 먹었니?

Eles/Elas comeram muito.
그들은/그녀들은 많이 먹었다.

3) **partir**
출발하다

Eu parti para São Paulo.
나는 상파울루로 출발했다.

Você partiu para São Paulo?
너는 상파울루로 출발했니?

Ele/Ela/A gente partiu para São Paulo.
그는/그녀는/우리는 상파울루로 출발했다.

Nós partimos para São Paulo.
우리는 상파울루로 출발했다.

Vocês partiram para São Paulo?
너희들은 상파울루로 출발했니?

Eles/Elas partiram para São Paulo.
그들은/그녀들은 상파울루로 출발했다.

3 직설법 완전과거 불규칙변화 형태

	ser/ir	estar	ter	fazer	vir	poder	pôr
1인칭단수	fui	estive	tive	fiz	vim	pude	pus
3인칭단수	foi	esteve	teve	fez	veio	pôde	pôs
1인칭복수	fomos	estivemos	tivemos	fizemos	viemos	pudemos	pusemos
3인칭복수	foram	estiveram	tiveram	fizeram	vieram	puderam	puseram

	ver	dar	querer	saber	dizer	trazer	haver
1인칭단수	vi	dei	quis	soube	disse	trouxe	houve
3인칭단수	viu	deu	quis	soube	disse	trouxe	houve
1인칭복수	vimos	demos	quisemos	soubemos	dissemos	trouxemos	houvemos
3인칭복수	viram	deram	quiseram	souberam	disseram	trouxeram	houveram

4 활용 예문

1) **ser/ir** A festa foi ótima. 파티는 최고였다.
Eu fui ao mercado. 나는 시장에 갔다.

2) **estar** Ele nunca esteve no Brasil.
그는 브라질에 가본 적이 없다.

3) **ter** Eu tive um sonho ontem.
나는 어제 꿈을 꾸었다.

4) **fazer** Ele fez um bom trabalho.
그는 훌륭한 일을 해냈다.

5) **vir** Ela veio me visitar.
그녀가 나를 방문하러 왔다.

6) **poder** Eu não pude ir à festa
나는 파티에 갈 수 없었다.

7) **pôr** Ela pôs o celular na bolsa.
그녀는 핸드폰을 가방에 넣었다.

8) **ver** Você viu o que aconteceu?
너는 무슨 일이 일어났는지 보았니?

9) **dar** Eu dei o troco para o cliente.
나는 손님에게 거스름돈을 주었다.

10) **querer** A gente não quis ir à praia.
우리는 해변에 가고 싶지 않았다.

11) **saber** Eu soube da notícia ontem.
나는 어제 그 소식을 알았다.

12) **dizer** Ele disse que viu o Cristiano Ronaldo em Lisboa.
그는 리스본에서 호날두를 보았다고 말했다.

13) **trazer** Eu trouxe os livros que você pediu.
나는 네가 요청한 책들을 가져왔다.

14) **haver** O que houve com você?
너한테 무슨 일 있었니?

연습문제

① **andar** Eu ________ muito pela cidade o dia todo ontem.
어제 하루 종일 나는 도시를 많이 돌아다녔다.

② **decidir** Hoje à noite ________ sair do trabalho às 9 horas.
난 오늘 밤은 9시에 퇴근하기로 했다.

③ **esperar** Ela ________ muito tempo pelo médico.
그녀는 의사를 오래 기다렸다.

④ **convidar** Eu ________ todos os meus amigos para minha festa de aniversário.
나는 생일파티에 친구들을 모두 초대했다.

⑤ **responder** Vocês já ________ a esse e-mail?
너희들은 이미 이 이메일에 답장했니?

⑥ **vender** Por que o senhor já ________ o apartamento?
선생님 왜 벌써 아파트를 팔았어요?

⑦ **abrir** ________ a porta com cuidado para não acordar o bebê.
우리는 애기가 깨지 않도록 문을 조심스럽게 열었다.

⑧ **voltar** Ontem, o papai ____________ para casa mais cedo que a mamãe.
어제는 아빠가 엄마보다 더 일찍 집에 돌아왔다.

⑨ **partir** Meus alunos ____________ para Lisboa no início de julho.
학생들은 7월 초에 리스본으로 출발했다.

⑩ **assistir** Eu ____________ ao YouTube com minha esposa tomando uma cerveja.
나는 아내와 맥주 한잔 하면서 유튜브를 봤다.

⑪ **lavar** Ontem nós ____________ toda a louça depois do jantar.
어제 우리는 저녁 식사 후 모든 접시를 설거지했다.

⑫ **viver** Meus avós ____________ na fazenda por muitos anos.
나의 조부모님은 수년간 농장에서 살았다.

⑬ **começar** A reunião ____________ às 9 horas da manhã.
회의는 오전 9시에 시작되었다.

⑭ **chegar** Eu ____________ tarde em casa depois de beber com meus amigos.
나는 친구들과 술자리를 갖고 집에 늦게 도착했다.

⑮ **dançar** Ela ____________ na balada a noite toda ontem.
그녀는 어제 밤새 클럽에서 춤을 췄다.

⑯ **ter** Eu ____________ que consultar meu portfólio durante a entrevista.

면접을 보는 동안 포트폴리오를 참고해야 했다.

⑰ **ser** Ontem ____________ um dia muito especial para meu marido e eu.

어제는 나와 남편에게 아주 특별한 날이었다.

⑱ **ir/dormir** Depois de terminar a maratona, eu __________ para casa e ____________ até o meio-dia.

마라톤을 마친 후 집에 가서 정오까지 잤습니다.

⑲ **ficar** Depois da cirurgia, ______________ de cama por uma semana para me recuperar.

수술 후, 나는 회복을 위해 일주일 동안 침대에 누워 있었다.

⑳ **dizer** Eles me ____________ que este hotel foi reformado depois da enchente.

이 호텔은 홍수 이후에 개조되었다고 그들이 내게 말했다.

㉑ **ver** Quando eu ______________ a foto, uma lembrança da infância passou pela minha cabeça.

그 사진을 보았을 때, 어린 시절의 기억이 떠올랐다.

㉒ **ler** Ele ______________ todos os artigos da revista para se manter atualizado.

그는 최신 정보를 얻기 위해 잡지의 모든 기사를 읽었다.

㉓ **dar** Após o jantar, ____________ uma volta pelo bairro para fazer a digestão.
저녁 식사 후, 우리는 소화를 시키려고 동네를 산책했다.

㉔ **ficar/saber** Ele ____________ muito irritado quando ____________ que a remessa estava molhada.
그는 배송물이 젖어 있다는 것을 알았을 때 몹시 짜증이 났다.

㉕ **poder** Não ____________ acreditar na resposta absurda dele.
나는 그의 터무니없는 대답을 믿을 수 없었다.

㉖ **fazer** Esse projeto é semelhante ao que ____________ no ano retrasado.
이 프로젝트는 재작년에 우리가 했던 것과 비슷하다.

㉗ **querer** Eu não ____________ começar uma briga por causa do assunto.
나는 그 주제로 싸움을 시작하고 싶지 않았다.

㉘ **estar** O negócio ____________ no vermelho por meses antes de dar lucro.
사업은 수익을 내기 전까지 몇 달 동안 적자를 냈다.

㉙ **vir** Patrícia e Gabriela ____________ de longe para aprender português.
빠뜨리시아와 가브리엘라는 포르투갈어를 배우기 위하여 멀리서 왔다.

㉚ trazer/fazer O garçom me ________ a bebida assim que ________ o pedido.

내가 주문하자마자 웨이터가 음료를 가져왔다.

05과

직설법 불완전과거

1 직설법 불완전과거 규칙변화, 불규칙변화 형태

	-ar 동사	-er 동사	-ir 동사
1인칭단수	-ava	-ia	-ia
3인칭단수	-ava	-ia	-ia
1인칭복수	-ávamos	-íamos	-íamos
3인칭복수	-avam	-iam	-iam

	ser	ter	vir	pôr
1인칭단수	era	tinha	vinha	punha
3인칭단수	era	tinha	vinha	punha
1인칭복수	éramos	tínhamos	vínhamos	púnhamos
3인칭복수	eram	tinham	vinham	punham

- 용법: 과거의 습관, 반복, 지속, 과거 시점의 상황 묘사, 동시 진행 상황, 완곡 어법

2 활용 예문

1) Antigamente, eu morava em uma casa pequena e brincava na rua.
예전에 나는 작은 집에 살았었고, 길거리에서 놀았었다.

2) Quando eu tinha 10 anos, a vida era mais simples.
내가 10살이었을 때, 삶은 더 단순했었다.

3) Quando ele era jovem, bebia muito.
그가 젊었을 때, 술을 많이 마셨었다.

4) Quando era solteiro, eu costumava dançar a noite toda.
내가 미혼이었을 때, 밤새 춤추곤 했다.

5) Quando eu entrei no quarto, a luz estava apagada.
방에 들어갔을 때 불이 꺼져 있었다.

6) Quando ela chegou em casa, as crianças estavam dormindo.
그녀가 집에 도착했을 때, 아이들은 자고 있었다.

7) Quando a chuva começou, o céu já estava escuro.
비가 내리기 시작했을 때 하늘은 이미 어두워져 있었다.

8) Quando o telefone tocou, não tinha ninguém no escritório.
전화가 울렸을 때 사무실에는 아무도 없었습니다.

9) Enquanto eu estudava, meu pai lia o jornal.
내가 공부하는 동안, 아빠는 신문을 읽고 있었다.

10) O senhor podia me passar o sal?
소금 좀 건네주실 수 있을까요?

3 완곡어법

동사의 불완전과거형(podia, queria)을 사용하면 정중한 표현이 된다. 한편 완곡어법으로 더 많이 사용되는 형태는 과거미래형(poderia, gostaria)이며, 더 격식 있는 표현으로 받아들여진다.

1) O senhor podia me ajudar com isso? 이것 좀 도와주실 수 있으세요?

2) Eu queria falar com você por um minuto. 잠시 당신과 이야기하고 싶습니다.

3) O senhor poderia assinar este documento? 이 문서에 서명해주시겠어요?

4) O que gostaria de pedir? 무엇을 주문하시겠습니까?

연습문제

① **fumar/beber** Antigamente, eu ________ muito e não ________ nada.
예전에 나는 담배를 많이 피웠었고 술은 전혀 마시지 않았었다.

② **ser/ter** Quando eu ________ jovem, ________ mais flores na praça.
내가 젊었을 때는 광장에 꽃이 더 많았었다.

③ **discutir** No ano passado, ela ________ com todo mundo.
작년에 그녀는 모든 사람과 논쟁했었다.

④ **costumar** Depois do jantar, eu ________ ir ao cinema com minha esposa.
저녁 식사 후에 나는 아내와 영화관에 가곤 했다.

⑤ **encontrar/divertir** Às vezes eu ________ meus amigos no bar e me ________.
가끔은 바에서 친구들을 만나서 즐거운 시간을 보내곤 했다.

⑥ **estar** Eles ________ assistindo a um filme quando a luz apagou.
전기가 나갔을 때, 그들은 영화를 보고 있었다.

⑦ **ouvir/pensar** Sempre que eu ________ aquela música, ________ nela.
나는 그 음악을 들을 때마다 그녀를 생각했었다.

⑧ **almoçar** A campainha tocou enquanto ___________.

우리가 점심을 먹는 동안 초인종이 울렸다.

⑨ **ter** Ele ___________ vontade de reclamar, mas ficou calado.

그는 불평하고 싶었지만 아무 말도 하지 않았다.

⑩ **escrever** Antigamente, minha esposa _____________ para mim toda semana.

예전에는 아내가 매주 나에게 편지를 쓰곤 했다.

⑪ **trabalhar** Nas férias, eu ________ 3 vezes por semana em um café.

방학 때 일주일에 3번씩 카페에서 일했다.

⑫ **ter/comer** Quando eu _________ 20 anos, meu irmão e eu _________ demais.

내가 스무 살 때, 형과 나는 엄청 많이 먹었었다.

⑬ **tentar/morrer** Toda vez que eu ______ reduzir a marcha, o carro ________.

내가 기어를 낮추려고 할 때마다, 차 시동이 꺼졌다.

⑭ **dividir** Até então, o casal _________ o custo do aluguel do apartamento.

그때까지 부부는 아파트 임대 비용을 나눠 부담했다.

⑮ **dormir/trabalhar** Que absurdo! Vocês _______ enquanto a gente _________?

말도 안 돼! 우리가 일하는 동안 너희들은 잤다고?

⑯ **receber** Ela __________ dezenas de e-mails de seus colegas todos os dias.
그녀는 매일 동료들로부터 수십 개의 이메일을 받았었다.

⑰ **poder** Você __________ me contar sobre sua família?
당신의 가족에 대해 말씀해 주시겠습니까?

⑱ **chamar/brincar** Minha filha __________ o cachorrinho de fofo toda vez que __________.
내 딸은 놀 때마다 강아지를 귀엽다고 불렀다.

⑲ **estar** Ele __________ estacionando quando começou a chover.
비가 오기 시작했을 때, 그는 주차하고 있었다.

⑳ **estar** Quando chegamos à escola, as salas ainda __________ fechadas.
우리가 학교에 도착했을 때 교실은 여전히 닫혀 있었다.

㉑ **estudar/trabalhar** Enquanto eu __________ no Brasil, meu amigo brasileiro __________ na Coreia.
내가 브라질에서 공부하는 동안 내 브라질 친구는 한국에서 일했다.

㉒ **falar/interromper** Sempre que eu __________, ele me __________.
내가 말할 때마다 항상 그는 나를 방해했었다.

㉓ **estar** Não fui trabalhar ontem porque __________ com dor de cabeça.
난 어제 머리가 아파서 출근하지 못했다.

㉔ **poder** Meu avô não ____________ dirigir devido à sua cirurgia nos olhos.

할아버지는 눈 수술을 하셔서 운전을 할 수 없었다.

㉕ **fazer/pôr** Eu __________ café enquanto ela ____________ a mesa.

그녀가 식탁을 차리는 동안 나는 커피를 만들었다.

㉖ **ter/ser** O que eu __________ em mente ___________ visitar o Rio.

제가 염두에 두었던 것은 리우를 방문하는 것이었다.

㉗ **vir/ter** Às vezes ele ____________ sozinho e ____________ muito dinheiro.

가끔 그는 혼자 오기도 했고, 돈이 많았다.

㉘ **olhar/sorrir** Toda vez que eles ___________ minha namorada na festa, ela ___________.

파티에서 그들이 내 여친을 쳐다볼 때마다 그녀는 미소를 지었습니다.

㉙ **ir** Antigamente, ___________ a pé ao colégio.

예전에 우리는 걸어서 학교에 다녔다.

㉚ **ser/viajar** Quando eu ___________ estudante universitário, _________ muito com meus amigos.

나는 대학생 때 친구들과 여행을 많이 다녔다.

06과

직설법 미래와 과거미래

1 직설법 미래 변화 형태

	동사원형 +	fazer	dizer	trazer
1인칭단수	ei	farei	direi	trarei
3인칭단수	á	fará	dirá	trará
1인칭복수	emos	faremos	diremos	traremos
3인칭복수	ão	farão	dirão	trarão

- 용법: 미래의 행동, 상태, 가능성, 추측
- 구어체에서는 ir 현재형(vou, vai, vamos, vão) + 동사원형의 형태로 미래형 표현

2 미래 활용 예문

1) O avião partirá (=vai partir) às 13h. 비행기는 13시에 출발할 것이다
2) Eu farei (=vou fazer) o meu trabalho. 나는 내 일을 할 것이다.
3) Diremos (=vamos dizer) a verdade a eles. 우리가 그들에게 진실을 말할 것이다.
4) O tempo trará (=vai trazer) a resposta. 시간이 답을 가져다 줄 것이다.
5) Será que é possível? 가능한 걸까?
6) Será que vai chover? 혹시 비가 올까?
7) Será que é uma boa ideia? 과연 좋은 생각일까?

- Será que…는 '(혹시) ~일까?', '(과연) ~일까?'와 같이 추측, 불확실성을 표현할 때 쓰는 관용적인 표현으로, 문장 앞에 붙여서 질문 형태로 쓰이며, que 다음의 절에는 직설법시제 사용

3 직설법 과거미래 변화 형태

	동사원형 +	fazer	dizer	trazer
1인칭단수	ia	faria	diria	traria
3인칭단수	ia	faria	diria	traria
1인칭복수	íamos	faríamos	diríamos	traríamos
3인칭복수	iam	fariam	diriam	trariam

- 용법: 과거 시점에서 본 미래, 과거·현재·미래 사실의 추측, 완곡 어법, 현재 사실에 반대되는 가정문의 주절에 사용
- 구어체에서는 ir 불완전 과거형(ia, ia, íamos, iam) + 동사원형의 형태로도 사용

4 과거미래 활용 예문

1) Ele disse que viajaria (= ia viajar) amanhã.
그는 내일 여행 갈 거라고 말했다.

2) Eu ia pagar o jantar, mas você já pagou.
내가 저녁값을 내려고 했는데, 네가 벌써 지불했다.

3) Seriam 6 horas quando eles chegaram.
그들이 도착했을 때 6시쯤이었을 것이다.

4) Poderia falar com a Luciana?
루시아나와 통화할 수 있을까요?

5) Se tivesse tempo, eu visitaria a minha família.
시간이 있었다면, 나는 가족을 방문했을 것이다. (현재 시간이 없어 못한다.)

5 비인칭 구문

- '~하는 것은(이) …하다' 라는 의미를 표현할 때 비인칭 구문을 사용
- ser 3인칭단수형 + 형용사 + 동사원형 형태

É melhor esperar um pouco.

조금 기다리는 게 낫다.

Seria importante participar da reunião.

회의에 참석하는 게 중요했을 것이다.

A 아 같은 형태의 실용 표현

É necessário ~하는 것이 필요하다.

É imprescindível ~하는 것이 꼭 필요하다.

É possível ~하는 것이 가능하다.

É fácil ~하는 것이 쉽다.

É recomendável ~하는 것이 추천할 만하다

É preciso ~하는 것이 필요하다.

É bom ~하는 것이 좋다.

É impossível ~하는 것이 불가능하다.

É difícil ~하는 것이 어렵다.

É proibido ~하는 것이 금지되어 있다.

6 인칭부정법

- 동사의 부정법(동사원형)에 인칭에 따른 어미 변화를 주는 형태
- 부정법 동사의 행위를 누가 하는지 특정 주어를 명확히 표현하기 위해 사용
- 단수 형태는 동사원형과 같고, 복수 형태는 동사원형에 어미 -mos, -em을 붙임

	동사원형 +		동사원형 +
1인칭단수	-	1인칭복수	-mos
3인칭단수	-	3인칭복수	-em

- 특정 주어를 명시할 땐, ser 3인칭단수형 + 형용사 + (주어) + 인칭부정법 형태로 사용

É melhor você esperar um pouco.
네가 조금 기다리는 게 낫다.

É melhor esperarmos um pouco.
우리가 조금 기다리는 게 낫다.

É melhor vocês esperarem um pouco.
너희들이 조금 기다리는 게 낫다.

Seria importante você participar da reunião.
네가 회의에 참석하는 게 중요했을 것이다.

Seria importante participarmos da reunião.
우리가 회의에 참석하는 게 중요했을 것이다.

Seria importante eles participarem da reunião.
그들이 회의에 참석하는 게 중요했을 것이다.

연습문제

① **viajar** Na próxima semana, __________ para Portugal.
다음 주에 나는 포르투갈로 여행 갈 것이다.

② **estudar** Ela __________ na biblioteca no fim de semana.
그녀는 주말에 도서관에서 공부할 것이다.

③ **jogar** Você __________ futebol com os amigos amanhã?
너는 내일 친구들과 축구할거니?

④ **comer** Eles __________ frango no jantar de domingo.
그들은 일요일 저녁식사로 치킨을 먹을 것이다.

⑤ **trabalhar** Eu __________ duro durante as férias de inverno.
나는 겨울방학 동안 열심히 일할 것이다.

⑥ **fazer** No sábado, __________ musculação na academia.
토요일에 우리는 헬스장에서 근육 운동을 할 것이다.

⑦ **abrir** A farmácia só __________ amanhã às 9 horas.
약국은 내일 오전 9시에만 문을 열 것이다.

⑧ **ter** Você __________ muita sorte na vida.
당신은 인생에서 큰 행운을 가질 것이다.

⑨ **vir** Eles ___________ cedo para a reunião.
그들은 회의에 일찍 올 것이다.

⑩ **dizer** Amanhã ___________ a todos toda a verdade.
내일 난 모두에게 진실을 전부 말할 것이다.

⑪ **trazer** Nós ___________ mais novidades sobre isso em breve.
우리는 이에 대한 새로운 소식을 곧 전해주겠다.

⑫ **poder** Você não ___________ resolver o problema sozinho.
너는 그 문제를 혼자 해결할 수 없을 것이다.

⑬ **ser** ___________ que ele tem uma casa e um carro?
그가 집과 차를 가지고 있을까?

⑭ **saber** ___________ a resposta correta logo após a prova.
나는 시험 직후에 정답을 알게 될 것이다.

⑮ **trazer** Ela ___________ os relatórios na próxima reunião.
그녀는 다음 회의에 보고서를 가져올 것이다.

⑯ **poder** Vocês ___________ colaborar na organização do evento?
당신들은 행사 준비에 협력해 주실 수 있을까요?

⑰ **ser** Eu sabia que o trabalho ___________ difícil desde o início.
나는 처음부터 그 일이 어려울 거라는 걸 알았다.

⑱ verificar O professor disse que ___________ minhas perguntas.

교수님은 내 질문을 확인하겠다고 말했다.

⑲ fazer Eu ___________ uma reserva, mas agora não dá.

예약을 하려고 했지만 지금은 안된다.

⑳ dizer É uma brincadeira. Ninguém ___________ isso de verdade.

농담이에요. 실제로 그런 말을 하는 사람은 아무도 없을 거예요.

㉑ explicar Eu te ___________ a situação, mas agora não é possível.

내가 너에게 상황을 설명하려 했지만 지금은 불가능하다.

㉒ estudar Ela ___________ espanhol, mas o tempo não permite agora.

그녀는 스페인어를 공부하려 했지만 지금은 시간이 허락하지 않는다.

㉓ gostar Eu ___________ de ouvir mais sobre sua experiência.

저는 당신의 경험에 대해 더 듣고 싶습니다.

㉔ ficar Esse colar ___________ ótimo com qualquer roupa.

이 목걸이는 어떤 옷차림에도 잘 어울릴 것 같아요.

㉕ ser ___________ cerca de 11 horas quando cheguei no hotel.

내가 호텔에 도착했을 때는 대략 11시였을 것이다.

㉖ abrir Nós ___________ a porta, mas estava muito frio.

우리는 문을 열려 했지만, 날씨가 너무 추웠다.

㉗ **poder** O senhor ___________ me ajudar com esse problema?
선생님께서 이 문제를 도와주실 수 있을까요?

㉘ **trazer** Ela disse que o amanhã ___________ coisas melhores.
내일은 더 나은 일이 일어날 것이라고 그녀가 말했다.

㉙ **comprar** Se eu tivesse dinheiro, ___________ um edifício grande.
돈이 있었다면 큰 건물을 하나 샀을 것이다.

㉚ **fazer** Se eu tivesse tempo, ___________ tudo de novo.
시간이 있었다면 전부 다시 했을 것이다.

07과

직설법 현재완료와 과거완료

1 직설법 현재완료와 과거완료 형태

	현재완료 (ter 현재형 + 과거분사)		과거완료 (ter 불완전과거형 + 과거분사)	
1인칭단수	tenho	-ado -ido	tinha	-ado -ido
3인칭단수	tem		tinha	
1인칭복수	temos		tínhamos	
3인칭복수	têm		tinham	

- 현재완료 용법: 과거에 시작하여 현재까지 지속한 일, 과거부터 현재까지 반복적으로 일어난 행동 (참고: 영어의 경우, 단순히 과거에 끝난 경험을 표현하는데 쓰이는데 반해, 포르투갈어에서는 과거부터 현재까지 반복되거나 지속된 행동에만 주로 사용)
- 과거완료 용법: 과거 특정 시점보다 이전에 발생한 일('대과거'라고도 표현)
- 완료형에 사용되는 과거분사는 성·수변화를 하지 않는다.

2 완료형에 사용되는 주요 불규칙 과거분사 형태

동사원형	의미	불규칙 과거분사
abrir	열다	aberto
cobrir	덮다	coberto
descobrir	발견하다	descoberto

escrever	쓰다	escrito
descrever	묘사하다	descrito
fazer	~하다, 만들다	feito
dizer	말하다	dito
ver	보다	visto
vir	오다	vindo
pôr	놓다, 넣다	posto
gastar	소비하다	gasto/gastado
pagar	지불하다	pago/pagado
ganhar	얻다, 벌다, 이기다	ganho/ganhado

3 현재완료 활용 예문

1) Eu tenho estudado português desde o ano passado.

나는 작년부터 포르투갈어를 공부해 오고 있다.

2) Recentemente, temos viajado bastante.

최근에 우리는 여행을 많이 다녔다.

3) O que você tem feito ultimamente?

최근에 당신은 무슨 일을 해왔나요?

4) Eu tenho visto esse filme várias vezes.

나는 이 영화를 여러 번 봐왔다.

5) Temos trabalhado muito nos últimos dias.

우리는 최근 며칠 동안 일을 아주 많이 했다.

4 과거완료 활용 예문

1) Quando o professor entrou na sala, eu já tinha saído.

교수님이 교실에 들어왔을 때, 나는 이미 나갔었다.

2) Eu já tinha partido quando você me ligou.

네가 내게 전화했을 때 나는 이미 출발했었다.

3) Eles tinham comprado os ingressos, mas o show foi cancelado.

그들이 입장권을 샀었지만, 쇼는 취소되었다.

4) Eu nunca tinha visto ela.

나는 그녀를 전에 본 적이 없었다.

5) Eu já tinha dito isso antes.

나는 그것을 전에 이미 말했었다.

연습문제

① **estudar** Eu ____________ bastante para a prova ultimamente.

나는 최근 시험을 위해 열심히 공부하고 있다.

② **ler** Ela ____________ muitos livros recentemente.

그녀는 요즘 책을 많이 읽고 있다.

③ **trabalhar** Nós ____________ até tarde para terminar o projeto.

우리는 프로젝트를 끝내기 위해 늦게까지 일하고 있다.

④ **comer** Elas ____________ no mesmo restaurante nestes quatro últimos dias.

그녀들은 최근 4일 동안 같은 식당에서 식사하고 있다.

⑤ **viajar** Eu ____________ muito por Portugal este ano.

나는 올해 포르투갈 전역을 많이 여행했다.

⑥ **fazer** Ela ____________ yoga todos os dias.

그녀는 매일 요가를 하고 있다.

⑦ **ver** Nós ____________ muitos espetáculos brasileiros recentemente.

우리는 최근 브라질 공연을 많이 보고 있다.

⑧ **escrever** Ele ___________ diversos textos sobre política.
그는 정치에 관한 여러 글을 써오고 있다.

⑨ **assistir** Meus pais ___________ àquela série na Netflix.
부모님은 그 넷플릭스 시리즈를 보고 있다.

⑩ **praticar** Eu ___________ o português regularmente.
나는 포르투갈어를 규칙적으로 연습하고 있다.

⑪ **pensar** Ele queria passar as férias na praia. Ela já ___________ nisso.
그는 휴가를 해변에서 보내길 원했는데, 그녀는 이미 그것을 생각하고 있었다.

⑫ **ir** Quando o professor chegou, os alunos já ___________ para casa.
선생님이 도착하였을 때, 학생들은 벌써 집에 가고 없었다.

⑬ **partir** O trem já ___________ quando chegamos à estação.
우리가 역에 도착했을 때, 기차는 이미 떠났다.

⑭ **viajar** Eu ___________ para o Brasil antes da pandemia.
나는 팬데믹 전에 브라질에 여행 갔었다.

⑮ **sair** Minhas filhas já ___________ antes da chuva começar.
비가 오기 전에 내 딸들은 이미 나갔었다.

⑯ **vender** Nós fomos ao Rio de avião porque já __________ nosso carro.
우리는 이미 차를 팔았기 때문에 비행기타고 리우까지 갔다.

⑰ **ver** Eu não __________ esse filme antes.
나는 이 영화를 전에 본 적이 없었다.

⑱ **começar** O filme já __________ quando a gente chegou.
우리가 도착했을 때 영화는 이미 시작했었다.

⑲ **esquecer** Eu __________ o aniversário do meu filho.
나는 아들 생일을 잊고 있었다.

⑳ **fazer** Nós nunca __________ aquele exercício.
우리는 그런 운동을 해 본 적이 없었다.

㉑ **abrir** A sala estava fria porque ele __________ todas as janelas.
그가 창문을 모두 열어 놓았기 때문에 교실이 추웠다.

㉒ **gastar** Não consegui comprar os ingressos. Já __________ todo o meu dinheiro.
나는 입장권을 살 수 없었다. 이미 돈을 다 써버렸거든.

㉓ **avisar** Os professores __________ sobre isso para todos os alunos.
선생님들은 학생들에게 그것에 대해 미리 알려줬었다.

㉔ **planejar** A gente __________ a viagem com antecedência.
우리는 여행을 미리 계획했었다.

㉕ **decidir**

Eu já __________ antes de conversar com ela.

나는 그녀와 이야기하기 전에 이미 결정을 내렸었다.

㉖ **pagar**

Ela descobriu que não __________ a conta do telefone.

그녀는 전화 요금을 내지 않았다는 것을 알게 되었다.

㉗ **trabalhar/**

Eu estava cansado porque __________ demais e __________ mal.

나는 일을 너무 많이 했고, 잠도 잘 못 자서 피곤했다.

㉘ **descobrir**

O cientista explicou que já __________ uma nova solução para o problema.

과학자는 문제에 대한 새로운 해결책을 이미 발견했다고 설명했다.

㉙ **vir**

Ele teve dificuldade em achar minha casa porque nunca __________ aqui antes.

그는 우리 집을 찾는 데 어려움을 겪었다. 왜냐하면 전에 이곳을 와봤던 적이 없기 때문이다.

㉚ **jantar**

Minha esposa já __________ quando voltei para casa.

내가 집으로 돌아왔을 때 아내는 이미 저녁을 먹었다.

08과

접속법 현재

1 접속법 현재 규칙변화 형태

● 직설법 현재 1인칭단수형에서 o를 빼고 다음과 같은 어미를 붙임.

	-ar 동사	-er 동사	-ir 동사
1인칭단수	-e	-a	-a
3인칭단수	-e	-a	-a
1인칭복수	-emos	-amos	-amos
3인칭복수	-em	-am	-am

● 직설법 현재 불규칙변화형 동사가 접속법 현재 형태로 바뀌는 예

	fazer	vir	ver
1인칭단수	faça	venha	veja
3인칭단수	faça	venha	veja
1인칭복수	façamos	venhamos	vejamos
3인칭복수	façam	venham	vejam

2 접속법 현재 불규칙변화 형태

	ser	estar	ir	dar	saber	querer	haver
1인칭단수	seja	esteja	vá	dê	saiba	queira	haja
3인칭단수	seja	esteja	vá	dê	saiba	queira	haja
1인칭복수	sejamos	estejamos	vamos	demos	saibamos	queiramos	hajamos
3인칭복수	sejam	estejam	vão	deem	saibam	queiram	hajam

3 용법과 활용 예문

1) 주절의 동사가 희망(Desejo) 표현하는 문장의 종속절 동사에 사용

Espero que tudo dê certo.

모든 일이 잘 되기를 바란다.

Quero que vocês se divirtam.

너희들이 즐거운 시간을 보내기 바란다.

Tomara que não chova.

비가 오지 않기를 바란다.

2) 주절의 동사가 의심, 불확실(Dúvida) 표현하는 문장의 종속절 동사에 사용

Duvido que ele venha.

나는 그가 올지 의심스럽다.

Não acredito que vocês saibam a verdade.

나는 너희가 진실을 알 거라 믿지 않는다.

Não acho que seja uma boa ideia.

나는 그것이 좋은 생각이라고 생각하지 않아.

3) 주절의 동사가 감정(Sentimento) 표현하는 문장의 종속절 동사에 사용

Fico feliz que eles tenham sucesso.

그들이 성공해서 기쁘다.

Que bom que você possa vir.

네가 올 수 있어서 좋다.

É pena que você não venha à festa.

네가 파티에 오지 않아 아쉽다.

4) 비인칭 구문에 사용

É melhor que você vá para casa.

네가 집에 가는 것이 더 낫다.

É necessário que todos colaborem.

모든 사람이 협력하는 것이 필요하다.

É possível que ela chegue hoje à noite.

그녀가 오늘 밤에 도착할 수도 있다.

5) 불확실한 선행사를 수식할 때 사용

Preciso de uma pessoa que saiba falar russo.

러시아어를 할 줄 아는 사람이 필요하다.

Não tem ninguém que possa me ajudar.

나를 도와줄 수 있는 사람은 아무도 없다.

Procuro um apartamento que tenha varanda.

나는 발코니가 있는 아파트를 찾고 있다.

6) 부사절(조건, 양보, 목적, 시간)에서 사용

Eu posso te ajudar contanto que você chegue antes das 15h.

네가 15시 이전에 도착한다면, 널 도와줄 수 있다.

Embora você não tenha dinheiro, pode ir comigo.
네가 돈이 없을지라도, 나와 함께 갈 수 있다.

Estudamos muito a fim de que consigamos terminar o curso.
우리는 학업을 마치기 위해 열심히 공부한다.

É melhor sair antes que chova.
비가 오기 전에 나가는 게 낫다.

4 접속법 현재 형태를 사용한 명령형

- 접속법 현재형은 você(s)에 대한 명령의 표현
- 표지판이나 안내문에서 격식을 갖추어 불특정 다수에게 지시, 권고할 때 사용

Puxe. 당기시오.

Empurre. 미시오.

Pare. 멈추시오.

Não pise na grama. 잔디를 밟지 마시오.

Aperte o botão e aguarde. 버튼을 누르고 기다려주십시오.

Bata na porta antes de entrar. 들어오기 전에 노크하십시오.

Use máscara. 마스크를 사용해 주십시오.

Não fume neste local. 이곳에서 흡연하지 마십시오.

Aguarde sua vez. 순서를 기다려 주십시오.

Siga as instruções. 지시사항을 따라 주십시오.

연습문제

① **entender** Espero que vocês __________ a explicação.
나는 너희들이 설명을 이해해 주길 바란다.

② **gostar** Tomara que ele __________ de mim.
그가 나를 좋아하면 좋겠다.

③ **formar-se** Desejamos que você __________ na universidade em breve.
네가 조만간 대학 졸업하기를 우린 바란다.

④ **aguardar** O ônibus chega em dez minutos. __________ aqui comigo.
버스가 10분 안에 도착합니다. 여기에서 저와 함께 기다리세요.

⑤ **abrir** Está muito calor aqui. __________ a porta, por favor!
여기는 매우 덥습니다. 문을 열어 주세요!

⑥ **poder** Tomara que nós __________ viajar no domingo.
우리가 일요일에 여행할 수 있으면 좋겠다.

⑦ **vir** Espero que meus vizinhos __________ me visitar.
이웃들이 나를 방문해 주길 바란다.

⑧ **fazer** O que você quer que nós __________ agora?
너는 이제 우리가 무엇을 하길 원하니?

⑨ **fumar** O médico recomenda que vocês não ___________.
의사는 너희가 흡연을 하지 말라고 권고한다.

⑩ **dormir/ser** A mãe quer que sua filha ___________ bem e ___________ saudável.
엄마는 딸이 잘 자고 건강하기를 바란다.

⑪ **trazer** O que o senhor quer que eu ___________ amanhã?
선생님은 제가 내일 무엇을 가져오기를 원하세요?

⑫ **contar** Não acho que ele ___________ toda a verdade.
나는 그가 모든 진실을 이야기한다고 생각치 않는다.

⑬ **repetir** Duvido que eles _________ a pergunta.
그들이 질문을 반복할지 의문이다.

⑭ **ir** Talvez a gente ___________ a um concerto de música clássica no teatro municipal.
아마도 우리는 시립극장에서 열리는 클래식 음악 콘서트에 갈지도 모른다.

⑮ **desistir** Receio que o professor ___________ do projeto.
나는 교수님이 프로젝트를 포기할까 봐 두렵다.

⑯ **seguir** É melhor que você _________ ela até a estação de metrô.
너는 지하철역까지 그녀를 따라가는 게 낫다.

⑰ **ser** É muito importante que __________ pontuais.
우리가 시간을 엄수하는 것이 매우 중요하다.

⑱ **escutar** É uma pena que você não __________ direito quando eu falo.
내가 말할 때 네가 제대로 듣지 않는 게 정말 아쉽다.

⑲ **saber** É impossível que ele não __________ de nada.
그가 아무것도 모른다는 건 불가능하다.

⑳ **pedir** Não conheço ninguém que __________ desculpa tão bem como você.
너처럼 사과를 제대로 하는 사람을 본 적이 없다.

㉑ **estar** Eu preciso de uma pessoa que __________ comigo.
나와 함께 있어줄 사람이 필요하다.

㉒ **vir** Você terá um bom lugar contanto que __________ cedo.
네가 일찍 오기만 하면 좋은 자리를 차지하게 될 것이다.

㉓ **ser** Podemos comprar o carro a não ser que __________ caro demais.
차가 지나치게 비싸지 않다면, 우리가 살 수도 있습니다.

㉔ **esperar** Eu vou ficar aqui, caso você me __________ até o meio-dia.
정오까지 네가 나를 기다려 주면, 여기 머무를 것이다.

㉕ **querer** Caso você ___________ minha ajuda, me liga.
내 도움이 필요하면, 내게 전화해.

㉖ **ter** Ela vai comprar um carro embora não ___________ dinheiro.
그녀는 돈이 없는데도 차를 살 예정이다.

㉗ **vestir** Mesmo que eu me___________ depressa, a gente vai chegar atrasado.
내가 서둘러 옷을 입는다 할지라도, 우리는 늦게 도착할 것이다.

㉘ **compreender** Repito a lição a fim de que os alunos me ___________.
학생들이 이해할 수 있도록 나는 수업 내용을 반복한다.

㉙ **ficar** Vou abrir o guarda-chuva antes que ___________ molhados.
우리가 비에 젖기 전에 우산을 펼치겠다.

㉚ **dizer** Não faça nada sem que eu ___________.
내 말없이는 아무것도 하지 마세요.

09과

접속법 과거

1 접속법 과거 변화 형태

● 직설법 완전과거 3인칭복수형에서 ram을 빼고 -sse, -ssemos, -ssem을 붙임.

	-ar 동사	-er 동사	-ir 동사
1인칭단수	-asse	-esse	-isse
3인칭단수	-asse	-esse	-isse
1인칭복수	-ássemos	-êssemos	-íssemos
3인칭복수	-assem	-essem	-issem

● 주요 동사의 접속법 과거 형태 예

	ser/ir	estar	ter
1인칭단수	fosse	estivesse	tivesse
3인칭단수	fosse	estivesse	tivesse
1인칭복수	fôssemos	estivéssemos	tivéssemos
3인칭복수	fossem	estivessem	tivessem

	querer	poder	fazer
1인칭단수	quisesse	pudesse	fizesse
3인칭단수	quisesse	pudesse	fizesse
1인칭복수	quiséssemos	pudéssemos	fizéssemos
3인칭복수	quisessem	pudessem	fizessem

2 용법과 활용 예문

1) 접속법 현재와 같은 용법에서 주절의 동사가 과거시제 중 하나일 때, 종속절 동사에 사용

Eu esperava que ela viesse à festa.

나는 그녀가 파티에 오기를 바랐다.

Duvidei que eles pudessem fazer isso.

나는 너희가 그것을 할 수 있을지 의심했다.

Fiquei feliz que você estivesse aqui.

네가 여기에 있어서 기뻤다.

Era melhor que ela descansasse.

그녀가 쉬는 것이 더 나았었다.

Ele ficou calado mesmo que soubesse a verdade.

진실을 알고 있었음에도 불구하고 그는 침묵을 지켰다.

Eu saí antes que você chegasse.

네가 도착하기 전에 나는 나갔다.

2) 가정법 과거(현재 사실에 반대되는 가정문)에 사용

Se eu fosse você, não iria lá.

내가 너였다면, 그곳에 가지 않았을 것이다.

Se eu tivesse muito dinheiro, viajaria pelo mundo.

내가 돈이 많았다면 세계를 여행했을 것이다.

Se ele estudasse mais, passaria no exame.

그가 공부를 더 열심히 했다면, 시험에 합격했을 것이다.

Se ele não trabalhasse tanto, teria mais tempo.

그가 그렇게 많이 일하지 않았다면, 시간이 더 있었을 것이다.

연습문제

① **dar** Eu queria que você me ___________ um conselho.
나는 네가 나에게 조언해 주길 원했다.

② **poder** Ele duvidava que ___________ resolver o problema.
그는 우리가 문제를 해결할 수 있을지 의심했다.

③ **ir** Fiquei com medo que minha filha ___________ lá sozinha.
나는 딸이 혼자 그곳에 갈까 봐 두려웠다.

④ **haver** Esperávamos que ___________ uma solução simples para o problema.
우리는 그 문제를 위한 간단한 해결책이 있기를 바랐다.

⑤ **dizer** Era melhor que você não ___________ nada.
네가 아무 말도 하지 않는 게 나았다.

⑥ **ter** Eu queria uma casa que ___________ tranquilidade no Carnaval.
나는 카니발 때 평화로운 집을 원했다.

⑦ **trazer** O professor exigia que os alunos ___________ os cadernos para a aula.
교수님은 학생들이 수업에 노트를 가져올 것을 요청했다.

⑧ **deixar** Gostaria que vocês me ____________ em paz durante meu intervalo de almoço.
점심시간에 너희들이 나를 좀 편히 놔두면 좋겠다.

⑨ **conseguir** Fizemos tudo para que ela ____________ a bolsa de estudos.
우리는 그녀가 장학금을 받을 수 있도록 모든 노력을 다 했다.

⑩ **jogar** Minha mãe queria que eu ____________ beisebol.
어머니는 내가 야구를 하기를 바랐다.

⑪ **estudar** Era importante que ela ____________ mais na biblioteca.
그녀가 도서관에서 좀 더 공부하는 것이 중요했다.

⑫ **vender** Ela não quis que o marido ____________ o carro dela.
그녀는 남편이 자신의 차를 파는 것을 원치 않았다.

⑬ **fazer** Ela me pediu que não ____________ barulho durante a reunião.
그녀는 내게 회의 중에 시끄럽게 하지 말라고 부탁했다.

⑭ **vir** Gostaria que você ____________ à festa de aniversário do meu filho.
네가 내 아들 생일파티에 왔으면 좋겠어

⑮ **mentir** Não achava que ela ____________ sobre isso.
그녀가 그 일에 대해 거짓말할 줄 생각 못했다.

⑯ **ganhar** Se eu ____________ na loteria, viajaria pelo mundo.
내가 복권에 당첨됐으면, 세계 여행을 갔을 것이다.

⑰ **partir** Se ele ____________ cedo para o aeroporto, não perderia o voo.
그가 일찍 공항으로 출발했다면, 비행기를 놓치지 않았을 것이다.

⑱ **beber** Se você não ____________, sua vida poderia ser melhor.
네가 술을 마시지 않았다면, 인생이 더 좋아졌을 것이다.

⑲ **falar** Se eles ____________ com ela, tudo se resolveria.
그들이 그녀와 이야기했더라면, 모든 게 해결됐을 것이다.

⑳ **ter** Se eu ____________ mais dinheiro, compraria uma casa maior.
돈이 더 있었다면, 더 큰 집을 샀을 것이다.

㉑ **poder** Se ela ____________, voltaria para o Brasil.
그녀가 할 수만 있었다면, 브라질로 돌아갔을 것이다.

㉒ **ser** Se eu ____________ você, aceitaria essa oportunidade de emprego.
내가 너였다면 이 취업 기회를 받아들였을 것이다.

㉓ **querer** Se você ____________ uma vida simples, teria uma vida simples.
당신이 단순한 삶을 원했다면, 단순한 삶을 살았을 것이다.

㉔ **fazer** Se ele ____________ a barba, ficaria muito mais bonito.
그가 면도를 했다면, 훨씬 더 잘 생겨 보였을 것이다.

㉕ **acabar** Se você ____________ o trabalho, estaria livre hoje à noite.
당신이 일을 끝냈다면, 오늘 밤은 자유로웠을 것이다.

㉖ **estar** Se vocês ____________ em casa ontem à noite, eu iria ver vocês.
너희들이 어젯밤에 집에 있었더라면, 나는 너희들을 보러 갔을 것이다.

㉗ **saber** Se eu ____________ falar inglês, viajaria para os Estados Unidos.
내가 영어를 할 줄 알았다면, 미국으로 여행 갔을 것이다.

㉘ **entender** Se eu ____________ melhor, explicaria para você.
내가 좀 더 잘 이해했더라면, 너에게 설명했을 것이다.

㉙ **ter** Se eu ____________ mais tempo livre, brincaria mais com meus filhos.
내가 자유시간이 더 많았다면, 아이들과 더 많이 놀아줬을 것이다.

㉚ **ser** Ele fala português como se ____________ brasileiro.
그는 마치 브라질 사람처럼 포르투갈어를 구사한다.

10과

접속법 미래

1 접속법 미래 변화 형태

- 직설법 완전과거 3인칭복수형에서 am을 뺀 형태에서 단수는 그대로 쓰고, 복수에는 -mos, -em을 붙임. 규칙동사의 경우, 접속법 미래 단수 형태(동사원형).

	-ar 동사	-er 동사	-ir 동사
1인칭단수	-ar	-er	-ir
3인칭단수	-ar	-er	-ir
1인칭복수	-armos	-ermos	-irmos
3인칭복수	-arem	-erem	-irem

- 주요 동사의 접속법 미래 형태 예

	ser/ir	estar	ter
1인칭단수	for	estiver	tiver
3인칭단수	for	estiver	tiver
1인칭복수	formos	estivermos	tivermos
3인칭복수	forem	estiverem	tiverem

	querer	poder	fazer
1인칭단수	quiser	puder	fizer
3인칭단수	quiser	puder	fizer
1인칭복수	quisermos	pudermos	fizermos
3인칭복수	quiserem	puderem	fizerem

2 용법과 활용 예문

1) 아직 발생하지 않은 불확실한 미래의 때를 표현할 때 사용

Quando eu tiver dinheiro, comprarei uma casa.
내가 돈이 생길 때, 집을 살 것이다.

Enquanto você estiver aqui, você também pode usar meu carro.
여기 있는 동안 너도 내 차를 이용할 수 있다.

Assim que chegar no Rio, te ligo.
리우에 도착하자 마자 너에게 전화할 것이다.

Quando formos a Portugal, visitaremos o Porto.
우리가 포르투갈에 가면, 포르투를 방문할 것이다.

2) 가정법 미래(미래에 실현 가능한 가정문)에 사용

Se eu puder, vou te ajudar.
내가 가능해지면, 너를 도와줄 것이다.

Se você quiser, podemos ir à praia.
네가 원한다면, 우리는 해변에 갈 수 있다.

Se tiver dinheiro, vou comprar um apartamento.
돈이 있으면, 아파트를 한 채 살 것이다.

Se tiver tempo, vou brincar mais com meus filhos.
시간이 있으면, 아이들과 더 많이 놀아줄 것이다.

3 조건절 관용구

- A 동사의 접속법 현재형 + 의문사 + A 동사의 접속법 미래형
  : '~라 하더라도', '~든지'의 의미를 나타내는 표현

Seja onde for, vou te encontrar.
어디에 있더라도, 난 너를 찾을 것이다.

Ele tem que terminar este projeto, seja como for.
어떻게라도, 그는 이 프로젝트를 끝내야 한다.

Vamos seguir com o plano, haja o que houver.
무슨 일이 있어도 계획을 따릅시다.

A 아 같은 형태의 실용 표현

seja quando for 언제라도

seja quem for 누구라도

seja o que for 무엇이더라도

seja quanto for 얼마이더라도

esteja onde estiver 어디에 있더라도

venha quem vier 누가 오더라도

vá aonde for 어디 가더라도

faça o que fizer 무슨 일을 하더라도

diga o que disser 무슨 말을 하더라도

escolha o que escolher 무엇을 선택하더라도

aconteça o que acontecer 무슨 일이 발생하더라도

연습문제

① **chegar** Quando ele __________, pode me avisar?
그가 도착하면, 내게 알려줄 수 있어?.

② **ir** Quando __________ ao Brasil, visitaremos as Cataratas do Iguaçu.
우리가 브라질에 간다면, 이과수폭포를 방문할 거야.

③ **responder** Eu vou ficar contente quando você me __________.
네가 나에게 대답하면, 나는 행복할 것이다.

④ **dar** Tome notas quando ele __________ informações importantes.
그가 중요한 정보를 줄 때는 메모를 하세요.

⑤ **vir** Quando vocês __________, podem trazer os documentos?
너희들 올 때, 서류 좀 가져올 수 있어?

⑥ **saber** Vou te avisar logo que __________.
알게 되면 바로 너에게 알려주겠다.

⑦ **chegar** Eles vão trocar de roupa assim que __________ em casa.
그들은 집에 도착하자마자 옷을 갈아입을 것이다.

⑧ **fechar** Depois que ___________ as janelas, trancaremos todas as portas.
우리가 창문을 닫은 후에 모든 문들을 잠글 것이다.

⑨ **poder** Eu vou te ajudar sempre que ___________.
내가 할 수 있는 한 항상 너를 도와주겠다.

⑩ **sair** Sempre que ___________, apague as luzes.
외출할 때는 항상 불을 끄세요.

⑪ **querer** Se Deus ___________, tudo vai dar certo.
신의 뜻이라면, 모든 일이 잘될 것이다.

⑫ **estar** Se vocês ___________ em casa, ligo para vocês.
너희들이 집에 있으면, 전화하겠다.

⑬ **estudar** Se você ___________ bastante, será aprovado no exame.
네가 충분히 공부한다면, 시험에 합격할 것이다.

⑭ **ter** Se eu ___________ tempo, irei à festa.
시간이 있으면 파티에 갈 것이다.

⑮ **pagar** Se você ___________ dentro do prazo, terá um desconto de 10%.
기한 내에 돈을 지불한다면, 10% 할인을 받게 될 것이다.

⑯ **estar** Se alguém ___________ contra, levante a mão.
누군가 반대한다면, 손을 드세요.

⑰ **chover** Se __________ muito, a gente vai ficar em casa.
비가 많이 오면 우리는 집에 머무를 것이다.

⑱ **fazer** Se eles __________ isso de novo, serão punidos.
그들이 다시 그런 짓을 한다면, 처벌을 받을 것이다.

⑲ **ser** Se você __________ promovido, vamos fazer uma festa.
네가 승진하면, 파티를 하자.

⑳ **vir** Quem __________ primeiro, escolherá o melhor lugar.
먼저 오는 사람이 가장 좋은 자리를 차지할 것이다.

㉑ **querer** Vou fazer o que você __________.
나는 당신이 원하는 것은 무엇이든 할 것이다.

㉒ **ir** Para onde ele __________, ele será reconhecido.
어디를 가든, 그는 항상 인정받게 될 것이다.

㉓ **fazer** __________ o que __________, sempre serei seu amigo.
무슨 일을 하든, 항상 난 네 친구 일거야.

㉔ **ser** __________ quem __________, não pode entrar sem permissão.
누가 되었든, 허락 없이 들어올 수 없다.

㉕ **ser** __________ a que hora __________, bata na porta primeiro.
몇 시든 상관없이, 먼저 문을 두드리세요.

㉖ **ser** Não se preocupe com isso, __________ o que __________.

무엇이든, 걱정하지 마세요.

㉗ **acontecer** __________ o que __________, vou ficar com você.

무슨 일이 있더라도, 나는 너와 함께 있을 것이다.

㉘ **dizer** __________ o que __________, ela não vai mudar de ideia.

무슨 말을 하더라도, 그녀는 생각을 바꾸지 않을 것이다.

㉙ **estar** __________ onde __________, nunca se esqueça de mim.

어디에 있더라도, 절대 나를 잊지 마세요.

㉚ **escolher** __________ o que __________, estarei do seu lado.

무엇을 선택하든, 나는 네 편이다.

02 문법 마스터 - 비동사편

11과

관사, 명사, 형용사의 성과 수

1 성수의 일치

- 명사에 동반하는 관사, 형용사는 명사의 성수에 일치
- 남성은 남성끼리, 여성은 여성끼리, 단수는 단수끼리, 복수는 복수끼리 맞추기.

	단수	복수
남성	o carro bonito 예쁜 차	os carros bonitos 예쁜 차들
여성	a casa bonita 예쁜 집	as casas bonitas 예쁜 집들

2 정관사와 부정관사

1) 정관사는 명백한 지시대상, 유일한 지시대상, 지시적 사용, 재언급할 때, 뒤에서 수식할 때, 지정된 지명 등의 환경에서 사용

	단수	복수
남성	o	os
여성	a	as

2) 부정관사 단수형은 '하나의, 어떤', 복수형은 '몇몇의' 라는 의미

	단수	복수
남성	um	uns
여성	uma	umas

3 전치사 + 정관사 축약형

전치사 \ 정관사	o	a	os	as
a	ao	à	aos	às
de	do	da	dos	das
em	no	na	nos	nas
por	pelo	pela	pelos	pelas

A aula começa às 10 horas.
수업은 10시에 시작한다.

Eu gosto do carro da Maria.
나는 마리아의 차를 좋아한다.

Ele trabalha no Brasil.
그는 브라질에서 일한다.

Eu vou para casa pelo caminho mais curto.
나는 가장 짧은 길을 통해 집에 간다.

4 명사와 형용사의 성

- 어말이 –o로 끝나면 남성, –a로 끝나면 여성

남성: o carro 차, o dinheiro 돈, o livro 책, o banco 은행, o menino 소년
여성: a casa 집, a mesa 테이블, a cama 침대, a cadeira 의자, a menina 소녀

- 예외: 어말이 –a인데 남성명사

o dia 하루, o mapa 지도, o samba 삼바, o planeta 행성, o clima 기후,
o programa 프로그램, o drama 드라마, o panorama 파노라마, o telegrama 전보,

o pijama 잠옷, o problema 문제, o sistema 시스템, o tema 테마, o poema 시,

o cinema 영화관, o dilema 딜레마, o esquema 개요 · 계획, o diploma 졸업장,

o idioma 언어, o sintoma 증상, o aroma 향기, o guarda-chuva 우산

● 남성명사에서 여성명사 만들기

1) -o를 -a로 바꾸거나 -a를 붙임.

o filho/a filha 아들/딸

o aluno/a aluna 남학생/여학생

o professor/a professora 남자 교수/여자 교수

o cantor/a cantora 남자가수/여자가수

o japonês/a japonesa 일본남자/일본여자

o chinês/a chinesa 중국남자/중국여자

2) -ão은 -ã, -oa, -ona 세가지 형태로 변화

o irmão/a irmã 형제/자매

o alemão/alemã 독일남자/독일여자

o campeão/a campeã 남자챔피언/여자챔피언

o cidadão/a cidadã 남자시민/여자시민

o patrão/a patroa 남자주인/여자주인

o leão/a leoa 숫사자/암사자

o solteirão/a solteirona 노총각/노처녀

o comilão/a comilona 남자 먹보/여자 먹보

3) 뿌리는 같으나 약간 변형

o ator/a atriz 남자배우/여자배우

o rei/a rainha 왕/여왕

4) 뿌리가 완전히 다른 명사

o homem/a mulher 남자/여자

o pai/a mãe 아버지/어머니

o genro/a nora 사위/며느리

o marido/a esposa 남편/아내

o boi/a vaca 황소/암소

o cão/a cadela 수캐/암캐

5) 남녀 형태가 동일한 명사

o/a estudante 남/여학생

o/a cliente 남자/여자 고객

o/a gerente 남자/여자 매니저

o/a dentista 남자/여자 치과의사

o/a jornalista 남자/여자 기자

o/a artista 남자/여자 예술가

o/a colega 남자/여자 동료

6) 실제로 남녀 구별은 있으나 문법적 성이 하나인 명사

o cônjuge 배우자

o indivíduo 개인

a pessoa 사람

a criança 어린이

a testemunha 증인

a vítima 희생자

7) 성에 따라 의미가 다른 명사

o caixa/a caixa 계산대/박스

o capital/a capital 자본/수도

o grama/a grama 그램(g)/잔디

o guarda/a guarda 경비원/보존

o guia/a guia 가이드북/안내

o cabeça/a cabeça 리더/머리

o moral/a moral 사기/도덕

5 명사와 형용사의 수

● 단수에서 복수 만들기

1) 일반적인 원칙: -s를 붙임.

o carro/os carros 차

a casa/as casas 집

caro/caros (남성명사 수식할 때) 비싼

cara/caras (여성명사 수식할 때) 비싼

2) -m으로 끝난 어휘: -ns로 변화

o homem/os homens 남자

o jovem/os jovens 젊은이

a viagem/as viagens 여행

o fim/os fins 끝, 말

3) -r, -z로 끝난 어휘: -es를 붙임.

a mulher/as mulheres 여자

o rapaz/os rapazes 청년

melhor/melhores 더 좋은

feliz/felizes 행복한

4) -s로 끝난 어휘: 강세 표시가 있으면 -es를 붙이고 강세 표시 제거하고,
강세 표시가 없으면 단수, 복수 동형

o mês/os meses 월

o freguês/os fregueses 손님

o japonês/os japoneses 일본인

o chinês/os chineses 중국인

o ônibus/os ônibus 버스

o vírus/os vírus 바이러스

o lápis/os lápis 연필

simples/simples 단순한

5) -al, -ul로 끝난 어휘: -ais, -uis로 변화

o animal/os animais 동물

azul/azuis 파란

(예외) o mal/os males 악

o cônsul/os cônsules 영사

6) -el, -ol로 끝난 어휘:

마지막 음절에 강세가 갈 때 -éis, -óis, 강세가 없을 때 -eis, -ois로 변화

o hotel/os hotéis 호텔
o papel/os papéis 종이
o farol/os faróis 등대
o lençol/os lençóis 시트
o móvel/os móveis 가구
o álcool/os álcoois 알코올

7) -il로 끝난 어휘: 마지막 음절에 강세가 갈 때 -is, 강세가 없을 때 -eis로 변화

o barril/os barris 통
gentil/gentis 친절한
o fóssil/os fósseis 화석
fácil/fáceis 쉬운

8) -ão으로 끝난 어휘는 -ãos, -ães, -ões 세가지 형태로 변화

o irmão/os irmãos 형제
a mão/as mãos 손
o cidadão/os cidadãos 시민
o órfão/os órfãos 고아
o alemão/os alemães 독일인
o pão/os pães 빵
o capitão/os capitães 주장
o cão/os cães 개
o coração/os corações 심장
o balão/os balões 풍선
o botão/os botões 버튼
a lição/as lições 과, 레슨
a estação/as estações 역, 계절
a opinião/opiniões 의견
a questão/as questões 문제
a eleição/as eleições 선거
a canção/as canções 노래
a nação/as nações 국가

연습문제

① ____________ jornal está em cima da mesa.

신문은 책상 위에 있다.

② Ela comprou ____________ caderno novo.

그녀는 새 공책 한 권을 샀다.

③ ____________ meninos estão jogando futebol.

소년들이 축구를 하고 있다.

④ Eu vi ____________ mulher na padaria

나는 빵집에서 여자 한 명을 보았다.

⑤ Ele tem ____________ amigos no Brasil.

그는 브라질에 몇몇 친구들이 있다.

⑥ Você gostaria de ler ____________ revista?

잡지 하나 읽고 싶으신가요?

⑦ ____________ crianças estão na escola agora.

아이들은 지금 학교에 있다.

⑧ Comprei ____________ pão esta manhã.

나는 오늘 아침에 빵 하나를 샀다.

⑨ Há ___________ chave e ___________ documento na gaveta.

서랍 안에 열쇠 하나와 서류 한 건이 있다.

⑩ Temos ___________ amigo em Tóquio. Ele tem ___________ fábrica.

우리는 도쿄에 친구가 한 명 있다. 그는 공장을 한 개 가지고 있다.

⑪ ___________ carro vermelho é do meu irmão.

빨간 자동차는 나의 형 것이다.

⑫ Nesta avenida há ___________ hotel e ___________ cinema.

이 대로에는 호텔 한 개와 영화관 한 개가 있다.

⑬ Meu filho tem ___________ casa moderna.

나의 아들은 현대식 주택을 한 채 가지고 있다.

⑭ ___________ flores são muito bonitas.

꽃들이 아주 예쁘다.

⑮ Nesse escritório há ___________ armário e ___________ mesa.

이 사무실에는 한 개의 수납장과 한 개의 책상이 있다.

⑯ Minha casa é ___________ e ___________. (bonito/confortável)

나의 집은 예쁘고 편안하다.

⑰ As praias cariocas são ___________. (famoso)

리우의 해변들은 유명하다.

⑱ Essa ideia não é ___________. (ruim)

이 아이디어는 나쁘지 않다.

⑲ Muitas cidades ___________ são ___________. (coreano/moderno)

한국의 많은 도시들은 현대적이다.

⑳ Gosto de música ___________, vestidos ___________, e carros ___________.

(italiano/japonês/alemão)

나는 이탈리아 음악, 일본 옷 그리고 독일 차를 좋아한다.

㉑ Hoje quero comprar duas saias ___________ e uma blusa ___________.

(azul/amarelo)

오늘 나는 파란색 스커트 두 장과 노란 블라우스 한 장을 사고 싶다.

㉒ Meus trabalhos são ___________ mas ___________.

(difícil/interessante)

내가 하는 일들은 어렵지만 흥미롭다.

㉓ Minhas bolsas são ___________ e ___________. (caro/novo)

나의 핸드백들은 비싸고 신상이다.

㉔ O professor explicou o tema de forma ___________. (claro)

교수님은 주제를 명확하게 설명했다.

㉕ As praias do Brasil são ___________ e ___________.

(lindo/fantástico)

브라질의 해변들은 아름답고 환상적이다.

㉖ Os alunos estavam muito ___________ depois da prova. (cansado)

학생들은 시험을 보고나서 무척 피곤했다.

㉗ Minha avó está preparando um jantar ___________. (delicioso)

나의 할머니는 맛있는 저녁을 준비하고 계신다.

㉘ As ruas da cidade ficaram ___________ depois da chuva. (molhado)

도시의 거리들이 비가 내린 후에 다 젖었다.

㉙ O filme era tão ___________ que todos choraram. (emocionante)

그 영화는 너무 감동적이어서 모두가 울었다.

㉚ Eu vi duas meninas ___________ correndo pelo parque. (alegre)

나는 공원을 뛰어다니는 명랑한 소녀 두 명을 보았다.

12과

주격인칭대명사, 소유사와 지시사

1 주격인칭대명사

	단수	복수
1인칭	eu 나	nós 우리
3인칭	você 너, 당신 ele 그 ela 그녀 a gente 우리	vocês 너희, 당신들 eles 그들 elas 그녀들

- 상대방을 일컫는 호칭 você를 문법적으로 3인칭단수 취급
- a gente는 '우리'라는 의미지만, 3인칭단수 취급. 구어체에서 빈번히 사용

- 포르투갈과 브라질 남부, 북동부 일부지역에서는 tu 너라는 2인칭 대명사 사용
  하지만 브라질 대부분의 지역에서는 você의 활용이 절대적
- 자신보다 연장자인 사람에게 예의를 갖추려면,
  o senhor 선생님, a senhora 사모님 (여사님) 사용

2 소유사

	단수	복수
1인칭 (남성/여성)	meu/minha	nosso/nossa
2인칭 (남성/여성)	teu/tua	-
3인칭 (남성/여성)	seu/sua	seu/sua

- 소유사는 화자가 아니라 명사의 성수에 일치
  - 남성명사 carro의 경우: meu carro 나의 차
  - 여성명사 casa의 경우: minha casa 나의 집

- 복수명사를 수식할 때는 소유사도 s를 붙여 복수형태로 일치
  - 남성명사 carros의 경우: meus carros 나의 차들
  - 여성명사 casas의 경우: minhas casas 나의 집들

- 3인칭 소유사 seu, sua의 경우
  - você에 대한 소유격 '당신의'와 ele에 대한 소유격 '그의', ela에 대한 소유격 '그녀의' 모두 가능

- 혼동하지 않기 위해 실제 회화에서 seu는 você에 대한 소유격 의미로서 주로 사용
- ele, ela에 대한 소유격으로는 명사 뒤에 dele, dela가 붙는 형태 사용
  이런 구문에서는 명사 앞에 정관사 사용 필수

소유의 주체	남성명사 수식	여성명사 수식
Você	seu carro 너의 차	sua casa 너의 집
Ele	o carro dele 그의 차	a casa dele 그의 집
Ela	o carro dela 그녀의 차	a casa dela 그녀의 집
Vocês	o carro de vocês 너희들의 차	a casa de vocês 너희들의 집
Eles	o carro deles 그들의 차	a casa deles 그들의 집
Elas	o carro delas 그녀들의 차	a casa delas 그녀들의 집

3 지시사

- Este: 화자와 가까운 '이것', '이 사람'을 가리킬 때 사용
- Esse: 청자와 가까운 '그것', '그 사람'을 가리킬 때 사용
- Aquele: 화자, 청자 모두에게서 멀리 떨어져 있는 '저것', '저 사람'을 가리킬 때 사용

지시대명사 겸 형용사 (남성/여성)	중성지시대명사	지시부사
este/esta 이, 이것, 이 사람	isto 이것	aqui 여기
esse/essa 그, 그것, 그 사람	isso 그것	aí 거기
aquele/aquela 저, 저것, 저 사람	aquilo 저것	ali 저기 / lá 저~기

- 지시사도 명사의 성수에 일치. 단, 중성지시대명사는 성수에 불변
- 브라질 포어에서는 este와 esse, esta와 essa, isto와 isso간의 구분이 사라짐
  :esse, essa = este, esta '이~, 이것, 이 사람', isso = isto '이것'의 의미로 자주 사용

  Esse carro é meu. 이 차는 나의 것이다.

  Esse é meu carro. 이것이 내 차다.

  Esse é meu amigo Bruno. 이 사람은 내 친구 브루누야.

- 지시사 사용시 지시부사와의 관계 적용 주의!

  Este carro aqui é meu. 여기 이 차는 나의 것이다.

  Esse carro aí é meu. 거기 그 차는 나의 것이다.

  Aquele carro ali é meu. 저기 저 차는 나의 것이다.

- aquele, aquela는 지시 의미 외에, 문맥상 나와 상대방이 서로 알고 있는 '바로 그 ~, 그것, 그 사람'의 의미로도 사용

  Eu comprei aquele carro. (너와 내가 얘기하던) 바로 그 차를 샀다.

4 전치사 + 지시사 축약형

	este, esta, isto	esse, essa, isso	aquele, aquela, aquilo
a	–	–	àquele, àquela, àquilo
de	deste, desta, disto	desse, dessa, disso	daquele, daquela, daquilo
em	neste, nesta, nisto	nesse, nessa, nisso	naquele, naquela, naquilo

Vamos àquele restaurante. 저 레스토랑에 갑시다.

Eu gosto dessa música. 나는 그 노래를 좋아한다.

Eu confio nesta pessoa. 나는 이 사람을 믿는다.

연습문제

① ____________ sou professor de português.

나는 포르투갈어 선생님이다.

② ____________ gosta de música clássica?

너는 클래식 음악을 좋아하니?

③ ____________ mora em São Paulo.

그는 상파울루에 산다.

④ ____________ são médicas em um hospital grande.

그녀들은 큰 병원 의사이다.

⑤ ____________ sabemos falar espanhol e português.

우리는 스페인어와 포르투갈어를 말할 줄 안다.

⑥ Nós pintamos a ____________ casa de branco.

우리는 우리 집을 흰색으로 칠한다.

⑦ Eu vendi o ____________ celular.

나는 내 휴대폰을 팔았다.

⑧ Aqueles homens lavam ____________ camisas na nossa lavanderia.

저 남자들은 자기 셔츠를 우리 세탁소에서 세탁한다.

⑨ ____________ esposa não está em casa agora.

나의 아내는 지금 집에 없다.

⑩ ____________ colegas têm problemas para resolver.

우리 동료들에게는 해결해야 할 문제가 있다.

⑪ ____________ filho e ____________ filha vão para casa a pé.

네 아들과 내 딸은 걸어서 집에 간다.

⑫ Queremos conversar com ____________ professor de arte.

우리는 우리 미술 선생님과 이야기를 나누고 싶다.

⑬ Vamos sair com ____________ primos.

내 사촌들과 함께 나가자.

⑭ Onde você comprou ____________ carteira?

어디에서 네 지갑을 샀니?

⑮ Quando você comprou os presentes ____________?

언제 그의 선물들을 샀어요?

⑯ A mãe ____________ não está aqui.

Ela está na China com as amigas ____________.

그들의 어머니는 지금 여기 계시지 않습니다. 어머니 친구들과 함께 중국에 계십니다.

⑰ Você quer o carro ____________ ou o carro ____________?

너는 그의 차를 원해? 아니면 그녀의 차를 원해?

⑱ ___________ banco aqui é muito antigo.

여기 이 은행은 아주 오래되었다.

⑲ ___________ restaurante ali na esquina é muito chique.

저기 코너에 있는 저 레스토랑은 아주 세련되었다.

⑳ ___________ filmes brasileiros ganharam prêmios internacionais.

이 브라질 영화들은 국제적인 상을 수상했다.

㉑ ___________ carro vermelho aí é do meu tio.

거기 그 빨간 자동차는 내 삼촌 것이다.

㉒ ___________ fábrica no subúrbio é muito grande.

교외에 위치한 바로 그 공장은 매우 크다.

㉓ ___________ montanhas cobertas de neve são realmente incríveis.

저 눈 덮인 산은 정말 놀랍다.

㉔ O Pedro mora ___________ perto da escola.

뻬드루는 여기 학교 근처에 산다.

㉕ Há um café muito bom ___________ na esquina.

저기 코너에 좋은 카페가 하나 있다.

㉖ Eu deixei minhas chaves ___________ na mesa.

나는 열쇠를 거기 책상 위에 두었다.

㉗ O professor está esperando os alunos ____________ no corredor.

교수님이 여기 복도에서 학생들을 기다리고 있다.

㉘ Daqui a uma hora, vamos nos encontrar na frente do teatro ____________.

1시간 후에, 저기 (보이는) 극장 앞에서 만나자.

㉙ Há muitas lojas novas ____________ no centro da cidade.

여기 시내에 새 가게들이 많이 있다.

㉚ Quero morar ____________ no Brasil.

나는 저기 브라질에서 살고 싶다.

13과

의문사와 감탄문

1 의문사 형태

- 육하원칙에 근거하여 영어와 비교

누가	Quem	Who
언제	Quando	When
어디서	Onde	Where
무엇, 어느	O que, Qual	What, Which
어떻게	Como	How
왜	Por que	Why
얼마나(양)	Quanto/a	How much
얼만큼(수)	Quantos/as	How many

2 활용 예문

Quem é o seu filho? 당신의 아들은 누구인가요?

Quando é o seu aniversário? 당신의 생일은 언제인가요?

Onde você está agora? 당신은 지금 어디 있어요?

O que você vai comprar? 당신은 무엇을 살 거예요?

Qual é o seu tipo de filme favorito? 좋아하는 영화 타입이 뭐예요?

Como você vai ao trabalho? 당신은 직장에 어떻게 가나요?

Por que você não come mais? 당신은 왜 더 먹지 않나요?

Quanto é essa bolsa? 이 핸드백은 얼마예요?

Quantos dias você vai ficar aqui? 당신은 여기서 며칠을 머무를 건가요?

● 구어체에서는 의문사 다음에 é que를 넣어 많이 사용

Onde é que você está? 당신은 어디에 있어요?

Como é que você vai ao trabalho? 당신은 직장에 어떻게 가나요?

3 Qual의 활용

● 선택적인 상황에서 사용하는 Qual는 이름, 전화번호, 메일, 주소, 직업, 국적, 나이 등 신상명세를 파악하는 질문에서 자주 사용

Qual é o seu nome? 이름이 뭐예요?

Qual é o seu número de celular? 핸드폰번호가 뭐예요?

Qual é o seu e-mail? 메일이 어떻게 되나요?

Qual é o seu endereço? 주소가 어떻게 되나요?

Qual é a sua profissão? 직업이 뭐예요?

Qual é a sua nacionalidade? 국적이 어떻게 되나요?

Qual é a sua idade? 나이가 어떻게 되나요?

4 감탄문

1) Que 다음에 명사, 형용사, 부사를 붙여, '정말 ~하네', '와 ~하네' 감정 표현

Que gostoso! 정말 맛있네!

Que chique! 정말 멋지네!

Que sorte! 정말 운이 좋네!

Que interessante! 정말 흥미롭네!

Que inveja! 정말 샘 나네!

Que bonito! 정말 예쁘네!

Que maravilha! 정말 대단하네!

Que azar! 정말 재수없네!

Que saudades! 정말 보고 싶네!

Que estranho! Que esquisito! 정말 이상하네!

Que legal! 정말 좋아!	Que coisa! 정말 이게 뭐야!
Que chato! 정말 짜증나네!	Que pena! 정말 안됐네!
Que vergonha! 정말 창피하네!	Que nojo! 정말 더럽네!
Que irritante! 정말 화나네!	Que golaço! 정말 멋진 골이네!
Que barato! 와 엄청 싸네!	Que caro! 와 엄청 비싸네!
Que calor! 와 엄청 덥네!	Que frio! 와 엄청 춥네!

2) Como 다음에 동사, 형용사, 부사를 강조하여, '얼마나 ~ 한지', '어찌나 ~한지' 감정 표현

Como eu te amo!	내가 널 얼마나 사랑하는지!
Como ele está feliz!	그가 어찌나 행복해 보이는지!
Como o tempo passa rápido!	시간이 어찌나 빨리 가는지!

연습문제

① ____________ é o seu sobrenome?

당신의 성은 무엇입니까?

② ____________ é o Presidente do Brasil?

브라질 대통령은 누구입니까?

③ ____________ é que você vai?

당신은 어떻게 지냅니까?

④ ____________ irmãos você tem?

당신은 형제가 몇 명 있습니까?

⑤ ____________ ela vai a Lisboa?

그녀는 언제 리스본에 갑니까?

⑥ ____________ é a sua especialidade?

당신의 전공 분야는 무엇입니까?

⑦ ____________ você faz estágio?

당신은 어디에서 인턴십을 합니까?

⑧ ____________ horas você acorda?

당신은 몇 시에 일어납니까?

⑨ ______________ é o seu meio de transporte preferido quando viaja?

여행할 때 선호하는 교통수단은 무엇입니까?

⑩ ______________ tempo você demora para chegar à escola?

당신은 학교에 도착하는 데 얼마나 걸립니까?

⑪ ______________ você costuma jantar nos fins de semana?

당신은 주말에 보통 어디에서 저녁을 먹습니까?

⑫ ______________ ela está aqui em São Paulo?

그녀는 왜 여기 상파울루에 있습니까?

⑬ ______________ você vai estudar hoje?

당신은 오늘 무엇을 공부할 것입니까?

⑭ ______________ colegas ele tem na universidade?

그는 대학교에 친구가 몇 명 있습니까?

⑮ ______________ você vai passar o feriadão?

당신은 연휴를 어디에서 보낼 것입니까?

⑯ ______________ é o seu esporte favorito?

당신이 가장 좋아하는 스포츠는 무엇입니까?

⑰ ______________ ela mora?

그녀는 누구와 함께 삽니까?

⑱ ____________ ela é?

그녀는 어디 출신입니까?

⑲ ____________ você vai voltar para o Porto?

당신은 언제 뽀르뚜로 돌아갑니까?

⑳ ________ cidade do Brasil você considera mais interessante para visitar?

브라질의 어느 도시가 방문하기에 가장 흥미롭다고 생각합니까?

㉑ ____________ livros você precisa comprar para a pesquisa?

연구를 위해 당신은 몇 권의 책을 사야 합니까?

㉒ ____________ tipo de transporte é mais rápido durante o horário de pico?

출퇴근 시간에 어떤 교통수단이 가장 빠릅니까?

㉓ ____________ razão levou você a mudar de curso na universidade?

어떤 이유로 당신은 대학에서 전공을 바꾸었습니까?

㉔ ____________ horas da manhã você costuma começar a trabalhar?

당신은 보통 아침 몇 시에 일을 시작합니까?

㉕ ____________ companhias oferecem bolsas de estudo para estudantes estrangeiros?

어떤 회사들이 외국인 학생들에게 장학금을 제공합니까?

㉖ ____________ você não veio ontem?

당신은 어제 왜 오지 않았습니까?

㉗ ____________ você pode recomendar para falar sobre esse assunto?

이 주제에 대해 이야기하기 위해 당신은 누구를 추천하겠습니까?

㉘ ____________ lugares históricos você visitou durante a viagem a Portugal?

당신은 포르투갈 여행 동안 어떤 역사적 장소들을 방문했습니까?

㉙ ____________ colegas vão participar da apresentação amanhã?

내일 발표에 참여할 동료들은 몇 명입니까?

㉚ ____________ você resolve problemas quando não tem muito tempo?

시간이 많지 않을 때 당신은 어떻게 문제를 해결합니까?

14과

수사와 수의 표기

1 숫자(기수)

o	zero
1	um/uma
2	dois/duas
3	três
4	quatro
5	cinco
6	seis
7	sete
8	oito
9	nove
10	dez
11	onze
12	doze

13	treze
14	quatorze (catorze)
15	quinze
16	dezesseis
17	dezessete
18	dezoito
19	dezenove
20	vinte
21	vinte e um/uma
30	trinta
40	quarenta
50	cinquenta
60	sessenta

70	setenta
80	oitenta
90	noventa
100	cem
101	cento e um/uma
200	duzentos/as
300	trezentos/as
400	quatrocentos/as
500	quinhentos/as
600	seiscentos/as
700	setecentos/as
800	oitocentos/as
900	novecentos/as

천 1.000	mil	천만 10.000.000	dez milhões
만 10.000	dez mil	억 100.000.000	cem milhões
십만 100.000	cem mil	십억 1.000.000.000	um bilhão
백만 1.000.000	um milhão		

1) 1과 2, 200~900의 백 단위는 남성과 여성 구분이 있음!

um carro 한 대의 차

uma pessoa 한 명

duzentos carros 200대의 차

duzentas pessoas 200명

2) 읽을 때 천자리와 백자리 사이는 e를 빼고 읽음.

1999 mil novecentos e noventa e nove

3) 십자리와 단자리가 00 인 경우와 백자리가 0 인 경우에는 e를 넣어 읽음.

1900 mil e novecentos

2026 dois mil e vinte e seis

2 서수

1º / 1ª	primeiro/a	11º / 11ª	décimo/a primeiro/a
2º / 2ª	segundo/a	20º / 20ª	vigésimo/a
3º / 3ª	terceiro/a	30º / 30ª	trigésimo/a
4º / 4ª	quarto/a	40º / 40ª	quadragésimo/a
5º / 5ª	quinto/a	50º / 50ª	quinquagésimo/a
6º / 6ª	sexto/a	60º / 60ª	sexagésimo/a
7º / 7ª	sétimo/a	70º / 70ª	septuagésimo/a
8º / 8ª	oitavo/a	80º / 80ª	octogésimo/a
9º / 9ª	nono/a	90º / 90ª	nonagésimo/a
10º / 10ª	décimo/a	100º / 100ª	centésimo/a

3 분수와 소수

1/2	meio, metade
정오	meio-dia
자정	meia-noite

30분	meia hora
6(반 다스)	meia dúzia

Mais da metade dos coreanos votou. 한국인의 절반 이상이 투표했다.

1) 분모가 3~10일 때는 분자, 분모 순서로 말하며, 분자는 기수로, 분모는 서수로 말한다. 분자가 2 이상이면 분모는 복수로 표기해야 함.

1/3 um terço

1/4 um quarto

3/4 três quartos

2/5 dois quintos

2) 분모가 11~99일 때는 분자 기수 + 분모 기수 + avos

1/12 um doze avos

5/13 cinco treze avos

3) 소수점은 쉼표(vírgula)를 사용

0,25% zero vírgula vinte e cinco por cento

5,08% cinco vírgula zero oito por cento

4 배수

2배	o dobro
3배	o triplo
4배	o quádruplo

● (~의) 몇 배: 기수 vezes (+ 비교급)

Ele ganhou o dobro do prêmio.
그는 상금의 두 배를 받았다.

A população da cidade cresceu oito vezes nos últimos anos.
도시의 인구는 지난 몇 년간 8배로 성장했다.

A população da Coreia é cinco vezes maior que a de Portugal.
한국의 인구는 포르투갈 인구보다 5배 많다.

5 사칙연산

덧셈	a adição	+	mais
뺄셈	a subtração	−	menos
곱셈	a multiplicação	×	vezes
나눗셈	a divisão	÷	dividido por

$2 + 2 = 4$ Dois mais dois são quatro.

$6 - 3 = 3$ Seis menos três são três.

$4 \times 5 = 20$ Quatro vezes cinco são vinte.

$18 \div 3 = 6$ Dezoito dividido por três são seis.

6 단위

크기	o tamanho	치수	a medida
높이	a altura	길이	o comprimento
깊이	a profundidade	너비	a largura
거리	a distância	속도	a velocidade
무게	o peso	1 미터	um metro
10 센티미터	dez centímetros	20 제곱미터	vinte metros quadrados
30 킬로미터	trinta quilômetros	1 리터	um litro
1 그램	um grama	1 킬로그램	um quilograma
1 톤	uma tonelada	60 인치	sessenta polegadas
짝수	o número par	홀수	o número ímpar

연습문제

① Hoje é dia ___________ de março.

오늘은 3월 11일이다.

② Ela comprou ___________ livros na livraria.

그녀는 서점에서 책 15권을 샀다.

③ Esta é a minha ___________ visita a Portugal.

이번이 나의 포르투갈 첫 번째 방문이다.

④ João tem ___________ irmãos e ___________ irmãs.

주엉에겐 형 두 명과 누나 두 명이 있다.

⑤ O Brasil ganhou a Copa do Mundo pela ___________ vez em ___________.

브라질은 1970년에 월드컵에서 세 번째 우승을 차지했다.

⑥ Eu moro no ___________ andar do prédio.

나는 건물 6층에 산다.

⑦ A reunião será no dia ___________ de agosto.

회의는 8월 28일에 있을 것이다.

⑧ Hoje assisti à minha ___________ aula de português.

오늘 나는 열 번째 포르투갈어 수업을 들었다.

⑨ No campeonato, ele ficou em ____________ lugar.
대회에서 그는 2위를 했다.

⑩ A gente comprou ____________ maçãs no mercado.
우리는 시장에서 사과 12개를 샀다.

⑪ 10월 1일 ________________________

⑫ 제7장 ________________________

⑬ 20세기 ________________________

⑭ 15층 ________________________

⑮ 첫째 아들 ________________________

⑯ 둘째 딸 ________________________

⑰ 18번째 생일 ________________________

⑱ Antigamente, ele trabalhava na ____________ sala.
예전에 그는 네 번째 방에서 일했다.

⑲ Vá até o ____________ sinal e vire à esquerda na ____________ rua!
세 번째 신호등까지 가서 두 번째 길에서 좌회전하세요.

⑳ Ela trabalha no ______________ andar.

그녀는 20층에서 일한다.

㉑ 2/8 ________________________

㉒ 4/9 ________________________

㉓ 5/13 ________________________

㉔ 7/15 ________________________

㉕ Ele ganha ______________ do que eu.

그는 나보다 2배 더 번다.

㉖ A população atual é ______________ do que era em 1990.

현재 인구는 1990년에 비해 3배 증가했다.

㉗ A ______________ da população do Brasil é branca.

브라질 인구의 절반은 백인이다.

㉘ Produzimos ______________ no verão.

우리는 여름에 5배 더 많이 생산한다.

㉙ O consumo caiu pela ______________ no feriado.

공휴일에 소비가 절반으로 줄었다.

㉚ Este casaco é ______________ do que aquela camisa.

이 코트는 저 셔츠보다 10배 더 비싸다.

15과

빈도, 장소, 시간 부사구

1 빈도 부사구

항상	sempre	보통, 일반적으로	normalmente, geralmente
자주	muitas vezes, frequentemente	가끔	às vezes, de vez em quando
드물게	raramente	절대 ~아닌	nunca

연 1회	uma vez por ano	연 2회	duas vezes por ano
월 1회	uma vez por mês	월 2회	duas vezes por mês
주 1회	uma vez por semana	주 2회	duas vezes por semana
하루 1회	uma vez por dia	하루 2회	duas vezes por dia
하루종일	o dia inteiro, o dia todo	밤새도록	a noite inteira, a noite toda

Normalmente, eu me levanto às 7 da manhã.
나는 보통 아침 7시에 일어난다.

Às vezes, a vida nos surpreende com boas notícias.
가끔 삶은 우리를 좋은 소식으로 놀라게 한다.

Nunca mais quero te ver.
절대로 너를 다시 보고 싶지 않다.

Eu vou à academia uma vez por semana.
나는 주 1회 헬스장에 간다.

O festival de música acontece duas vezes por ano.
음악 축제는 1년에 두 번 열린다.

2 장소 부사구

~앞에	na frente de, em frente a	~뒤에	atrás de
~안에	dentro de	~밖에	fora de
~위에	em cima de	~아래에	embaixo de
~옆에	ao lado de	A와 B사이에	entre A e B

● 장소의 부사구를 사용할 때는 전치사와 정관사와의 축약형 사용에 주의!

Meu carro está na frente do parque.
내 차는 공원 앞에 있다.

Tem um presente dentro da mala.
캐리어 안에 선물이 있다.

Coloque os pratos em cima da pia.
접시들을 싱크대 위에 놓으세요.

A casa dos meus pais fica ao lado da minha.
부모님 집은 내 집 옆에 있다.

A loja fica entre o banco e a farmácia.
가게는 은행과 약국 사이에 있다.

3 시간 부사구

그저께	anteontem	어제	ontem
오늘	hoje	내일	amanhã
모레	depois de amanhã		

조금 전에	há pouco tempo, pouco tempo atrás	잠시 후에	daqui a pouco
지금부터	a partir de agora	오늘부터	a partir de hoje
어제 일찍	ontem cedo	어제 오전에	ontem de manhã
어제 오후에	ontem à tarde	어제 밤에	ontem à noite
오늘 일찍	hoje cedo	오늘 오전에	hoje de manhã
오늘 오후에	hoje à tarde	오늘 밤에	hoje à noite
내일 일찍	amanhã cedo	내일 오전에	amanhã de manhã
내일 오후에	amanhã à tarde	내일 밤에	amanhã à noite

지지난 주에	na semana retrasada	지난 주에	na semana passada
지지난 달에	no mês retrasado	지난 달에	no mês passado
재작년에	no ano retrasado	지난 해에	no ano passado
이번 주에	nesta semana, esta semana	다음 주에	na semana que vem, na próxima semana
이번 달에	neste mês, este mês	다음 달에	no mês que vem, no próximo mês
올해에	neste ano, este ano	내년에	no ano que vem, no próximo ano

Eu vi meu pai há pouco tempo.

나는 조금 전에 아버지를 보았다.

Ontem à noite, jantamos em um restaurante novo.

어젯밤에 우리는 새로운 레스토랑에서 저녁을 먹었다.

Tenho uma reunião importante amanhã de manhã.

내일 아침에 나는 중요한 회의가 있다.

O presidente foi eleito no ano retrasado.

대통령은 재작년에 선출되었다.

Na semana que vem, minha irmã vai se casar com meu amigo Paulo.

다음 주에 내 여동생이 내 친구 빠울루와 결혼한다.

연습문제

① ___________ estudo na biblioteca.

나는 보통 도서관에서 공부한다.

② Minha família janta fora ___________.

우리 가족은 자주 외식한다.

③ ___________ ela vai à Praia de Ipanema.

그녀는 가끔 해변에 간다.

④ Eles quase ___________ chegam atrasados.

그들은 거의 항상 지각한다.

⑤ Você pratica esportes ___________?

당신은 자주 운동을 합니까?

⑥ Meu pai ___________ viaja a negócios para São Paulo.

아버지는 가끔 상파울루로 출장 간다.

⑦ As crianças ___________ assistem TV depois da escola.

아이들은 항상 방과 후에 TV를 본다.

⑧ ___________ perco minhas chaves.

나는 드물게 열쇠를 잃어버리는 경우가 있다.

⑨ A gente ____________ joga futebol aos domingos.

우리는 항상 일요일마다 축구를 한다.

⑩ Você liga para sua mãe ____________?

당신은 자주 어머니께 전화를 합니까?

⑪ A bolsa está ____________ (a) caixa.

핸드백은 상자 안에 있다.

⑫ As crianças estão brincando ____________ (a) escola.

아이들은 학교 밖에서 놀고 있다.

⑬ Há um banco ____________ (a) farmácia.

약국 뒤에 은행이 있다.

⑭ O celular está ____________ (a) mesa.

휴대폰은 테이블 위에 있다.

⑮ O cachorro está dormindo ____________ (a) cama.

강아지가 침대 아래에서 자고 있다.

⑯ Eles moram ____________ (a) estação de metrô.

그들은 지하철역 근처에 산다.

⑰ A padaria fica ____________ (o) supermercado.

빵집은 슈퍼마켓 옆에 있다.

⑱ Meu tio mora ____________ (a) cidade.

삼촌은 도시에서 멀리 산다.

⑲ O carro passou por ____________ (a) ponte.

차는 다리 아래를 지나갔다.

⑳ Os alunos estão esperando o professor Beto na ____________ (a) biblioteca.

학생들은 도서관 앞에서 Beto 교수님을 기다리고 있다.

㉑ ____________ eu vou viajar para Lisboa.

내일 아침에 난 리스본으로 여행 갈 것이다.

㉒ Eles voltaram do trabalho ____________ cansados.

그들은 어젯밤 피곤한 채로 퇴근했다.

㉓ A gente se vê no Starbucks ____________.

우리 오늘 오후에 스벅에서 봐.

㉔ Ela estuda ____________ porque trabalha durante o dia.

그녀는 밤에 공부한다. 낮에는 일하기 때문이다.

㉕ O museu abre às 10 ____________ e fecha às 7 ____________.

박물관은 오전 10시에 문을 열어 저녁 7시에 닫는다.

㉖ ____________ Daniel vai visitar os pais.

이번 주말에 다니엘은 부모님을 방문할 것이다.

㉗ A próxima aula começa ____________ depois do intervalo.

다음 수업은 쉬는 시간 직후에 시작한다.

㉘ Descansamos muito ____________ porque não tivemos aulas.

우리는 방학 동안 수업이 없어서 푹 쉬었다.

㉙ Ele saiu de casa ____________ para não perder o ônibus.

그는 버스를 놓치지 않으려고 일찍 집을 나섰다.

㉚ Vocês vão ao cinema ____________?

오늘 저녁에 너희들은 영화관에 가니?

16과

목적격, 부정, 재귀, 관계 대명사

1 목적격대명사

	직접목적격 (~를)	간접목적격 (~에게)
1인칭단수	me 나를	me 나에게
2인칭단수	te 너를	te 너에게
3인칭단수	o/a 당신을, 그를/그녀를	lhe 당신에게, 그에게, 그녀에게
1인칭복수	nos 우리를	nos 우리에게
3인칭복수	os/as 당신들을, 그들을/그녀들을	lhes 당신들에게, 그들에게, 그녀들에게

● 주격인칭대명사와 달리 목적격대명사의 경우엔 2인칭단수 te의 형태도 자주 사용

Eu **te** amo. = Eu amo **você**.

나는 너를 사랑해.

Eu **te** dou um presente. = Eu dou um presente **para você**.

내가 너에게 선물을 줄게.

● 실제 회화에서는 직접목적격 3인칭단수, 복수 **o/a, os/as** 는 잘 사용되지 않음.

'당신을, 그를, 그녀를' = 목적어 위치에 você, ele, ela 사용

유럽포어 Eu vi-**o**.	나는 그를 봤다.
브라질포어 Eu **o** vi.	

Eu vi **o aluno**. 나는 그 학생을 봤다.

Eu vi **ele**. 나는 그를 봤다.

- 실제 회화에서는 간접목적격 3인칭단수, 복수 lhe, lhes 형태가 잘 사용되지 않음.
  '당신에게, 그에게, 그녀에게' = para você, para ele, para ela 사용

유럽포어	Eu dei-**lhe** cem reais.	나는 너에게/그에게/그녀에게 100헤알을 주었다.
브라질포어	Eu **lhe** dei cem reais.	

Eu dei cem reais **para você**. 나는 너에게 100헤알을 주었다.
(=Eu te dei cem reais.)

Eu dei cem reais **para ele**. 나는 그에게 100헤알을 주었다.

Eu dei cem reais **para ela**. 나는 그녀에게 100헤알을 주었다.

2 전치사 뒤의 목적격 대명사

	일반전치사 뒤에서	전치사 com과 함께
1인칭단수	para mim 나에게	comigo 나와 함께
2인칭단수	para ti 너에게	contigo 너와 함께
3인칭단수	para você, para ele, para ela 당신에게, 그에게, 그녀에게	com você, com ele, com ela 당신과 함께, 그와 함께, 그녀와 함께
1인칭복수	para nós 우리에게	conosco 우리와 함께
3인칭복수	para vocês, para eles, para elas 당신들에게, 그들에게, 그녀들에게	com vocês, com eles, com elas 당신들과 함께, 그들과 함께, 그녀들과 함께

- 대다수의 일반전치사 뒤에 사용되는 목적격대명사는 1인칭단수 mim, 2인칭단수 ti를 제외하면 나머지는 주격인칭대명사 형태와 동일

  Me liga. = Liga **para mim**. 나에게 전화해.

  Te ligo. = Ligo **para ti**. = Ligo **para você**. 너에게 전화할게.

● 예외적으로 전치사 com은 1인칭단수, 2인칭단수, 1인칭복수에서 결합형태로 사용

Você quer ficar **comigo**? 너는 나와 함께 있고 싶어?

Eu posso ir **contigo**.(= Eu posso ir **com você**.) 나는 너와 함께 갈 수 있다.

Você vai viajar **conosco**? (= Você vai viajar **com a gente**?)

우리와 함께 여행갈거야?

3 부정대명사(형용사)

1) **alguém** 어떤 사람, 누군가

Alguém pode me ajudar? 누군가 저를 좀 도와줄 수 있나요?

Alguém bateu na porta tão forte. 누군가 문을 너무 세게 두드렸다.

2) **ninguém** 아무도

Ninguém sabe falar chinês. 아무도 중국어를 할 줄 모른다.

Não quero falar com ninguém. 아무와도 이야기하고 싶지 않다.

3) **tudo** 모든 것, 전부

Tudo está sob controle. 모든 것이 통제하에 있다.

Eu entendi tudo. 나는 모든 것을 이해했다.

4) **nada** 아무것도, 하나도

Não tenho nada para fazer. 할 일이 아무것도 없다.

Tudo ou nada. 모 아니면 도

5) **algum/alguma** 어떤 (alguma coisa = algo)

Eu preciso de alguma coisa para comer. 나는 먹을 무언가가 필요하다.

Algum dia, eu quero viajar para o Brasil. 언젠가 브라질로 여행 가고 싶다.

6) **nenhum/nenhuma** 아무런, 아무도

Não tem problema nenhum. 아무런 문제없어요.

Nenhum dos alunos veio à sala. 학생들 아무도 교실에 오지 않았다.

7) **todo/toda** 모든, 전체의

Eu faço exercícios todo dia. 나는 매일 운동한다.

Eu trabalhei o dia todo. 나는 하루 종일 일했다.

8) **outro/outra** 다른, 다른 것

Eu não quero esta, quero outra. 나는 이것 말고, 다른 것을 원한다.

Por um lado, é bom. Por outro lado, é ruim. 한편으로는 좋지만, 다른 한편으로는 나쁘다.

9) **tanto/tanta** 그렇게 많은, 너무나 많은

Ele tem tanto trabalho para fazer. 그는 할 일이 너무 많다.

Ela recebeu tantas mensagens. 그녀는 너무나 많은 메시지를 받았다.

10) **pouco/pouca** 아주 적은(양/수), 약간의

Ele tem poucos amigos. 그는 친구가 별로 없다.

Poucos entendem o que ela diz. 그녀가 하는 말을 이해하는 사람은 거의 없다.

11) **cada** 각각의

Entreguei um livro a cada aluno. 나는 학생들에게 각각 책 한 권씩 주었다.

Cada um de nós tem um sonho. 우리 각자에게는 꿈이 있다.

12) **qualquer** 어떤 ~라도, 어느 ~든지

Você pode pegar qualquer caneta. 어떤 펜이든 집어가도 돼.

Qualquer um de vocês pode vir. 당신들 중 누구든지 올 수 있다.

13) **vários/várias** 여러 (개), 다양한

Ele leu vários livros. 그는 다양한 책을 읽었다.

Eu sei falar várias línguas. 나는 여러 언어를 구사할 수 있다.

14) **ambos/ambas** 둘 다, 양쪽 모두(ambos os=os dois/ambas as=as duas)

Ambos os rapazes gostam de beber. 청년 둘 다 술 마시기를 좋아한다.

Vou segurar a bandeja com ambas as mãos. 양손으로 쟁반을 잡을 것이다.

4 재귀대명사와 재귀동사

	단수	복수
1인칭	me	nos
2인칭	te	–
3인칭	se	se

1) 재귀대명사를 동반하는 동사를 재귀동사라 함. 이런 경우 주어가 행한 동작이 다시 주어 자신에게 돌아옴으로써 결과적으로 주어와 목적어가 같은 사람임.

Eu me levanto às 6 horas. 나는 6시에 일어난다.

Ele se levanta tarde. 그는 늦게 일어난다.

Como você se chama? 당신은 이름이 뭐예요? (어떻게 불리나요?)

Eu me chamo Carla. 내 이름은 까를라예요.

Eu me visto rápido. 나는 빠르게 옷을 입는다.

Eu me diverti muito com ela no parque. 나는 그녀와 공원에서 아주 재미있게 놀았다.

2) 재귀동사는 상호작용의 의미로, '서로 ~하다'의 뜻으로도 사용

Eles se conhecem desde a infância. 그들은 어렸을 때부터 서로 아는 사이다.

Eles se viram no parque. 그들은 공원에서 서로 보았다.

Eles se abraçaram. 그들은 서로 껴안았다.

Eles se amam. 그들은 서로 사랑한다.

Eles se cumprimentaram. 그들은 서로 인사했다.

Os namorados se beijaram. 연인들이 서로 키스했다.

A gente se encontra amanhã. 우리 내일 만나요.

Nos vemos em breve. 우리 조만간 봐요.

5 관계대명사

1) **que**: 선행사는 사람과 사물 모두 가능 (영어의 that, who, whom, which)

O menino que veio aqui é meu filho.

여기 온 그 소년은 내 아들이다

O livro que eu comprei ontem é interessante.

어제 내가 산 그 책은 재미있다.

2) **onde**: 선행사는 장소를 지칭 (영어의 Where)

Esta é a cidade onde nasci.

이곳이 내가 태어난 도시이다.

O restaurante onde ele comeu é muito bom.

그가 식사한 식당은 매우 좋다.

3) **quem**: 선행사는 사람만 가능, 주로 전치사 뒤에 위치 (영어의 whom)

A pessoa com quem falei é brasileiro.

내가 이야기했던 사람은 브라질사람이다.

4) **o qual, a qual, os quais, as quais**: 선행사는 사람과 사물 모두 가능

전치사와 자주 축약되며 격식 있는 문장에서 선행사를 강조할 때 que 대신 사용

Eu sei a razão pela qual você não gosta dele.

난 당신이 그를 싫어하는 이유를 안다.

5) **cujo, cuja, cujos, cujas**: 뒤에 오는 명사의 성수에 일치 (영어의 whose)

A senhora cujos filhos são médicos é minha vizinha.

자식들이 의사인 그 부인은 내 이웃이다.

6 강조 구문

1) ser A que B (B 한 것은 A 이다)

- 강조하고 싶은 내용을 ser와 que 사이에 위치
- ser동사 형태는 강조하는 내용의 인칭과 수에 일치

Eu quero comprar essa bolsa. 나는 이 핸드백을 사고 싶다.

⇒ Sou eu que quero comprar essa bolsa. 이 핸드백을 사고 싶은 사람은 나다.

⇒ É essa bolsa que eu quero comprar. 내가 사고 싶은 건 이 핸드백이다.

Eu chamei ela. 내가 그녀를 불렀다.

⇒ Fui eu que chamei ela. 그녀를 부른 건 나였다.

Eles venderam o carro. 그들이 차를 팔았다.

⇒ Foram eles que venderam o carro. 차를 판 건 그들이었다.

2) é que를 넣어 주어를 강조

Eu é que agradeço. 제가 감사하죠.

Você é que decide. 네가 결정해.

3) 의문사 다음에 é que를 넣어 더 자연스러운 문맥 형성

O que é que você faz? 무슨 일 하니?

Onde é que você mora? 어디에 사니?

Quando é que você volta para casa? 언제 집에 돌아가니?

연습문제

① Estou tão cansado. Vocês podem ____________ ajudar?

너무 피곤해. 너희들 나 좀 도와줄 수 있어?

② Meus amigos ____________ convidaram para uma festa.

내 친구들이 너를 파티에 초대했다.

③ Ele nunca ____________ encontrou aqui.

그는 여기에서 우리를 한 번도 만나지 않았다.

④ Carolina, você ____________ esperou muito tempo?

까롤리나, 너 나를 오랫동안 기다렸어?

⑤ Não fui à festa porque vocês não disseram a hora para ____________.

너희들이 나에게 시간을 말해주지 않아서 파티에 가지 않았다.

⑥ Escrevi para ela, mas ela não ____________ respondeu.

내가 그녀에게 편지를 썼지만, 그녀는 내게 답장을 주지 않았다.

⑦ O gerente não ____________ deu outra chance?

매니저님이 너에게 다른 기회를 주지 않았니?

⑧ Você tem ____________ revista interessante para eu ler?

내가 읽을 만한 재미있는 잡지가 있나요?

⑨ Você apagou a luz? Não estou vendo ____________.

네가 불 껐니? 난 아무것도 보이지 않아.

⑩ Naquela empresa, ____________ diretor fala português, só inglês.

그 회사에서는 어떤 이사도 포르투갈어는 못하고, 단지 영어만 한다.

⑪ Vai ter ____________ reunião nesse fim de semana?

이번 주말에 무슨 회의가 있나?

⑫ Nós conhecemos ____________ os professores da escola.

우리는 학교의 모든 교사들을 안다.

⑬ Tenho __________ colegas na Espanha.

나는 스페인에 여러 동료들이 있다.

⑭ Não gostei desta calça. Quero ver ____________.

나는 이 바지가 마음에 들지 않아요. 다른 것들을 보여주세요.

⑮ O dentista tem o registro de ____________ um dos pacientes.

치과의사는 환자들 각각의 기록을 갖고 있다.

⑯ Meu irmão comeu ____________, então eu não comi ____________.

내 동생이 다 먹어 버려서 난 아무것도 먹지 못했다

⑰ Este ônibus passa por ____________ as avenidas da cidade.

이 버스는 도시의 모든 대로를 통과한다.

⑱ Este é um exercício muito simples. __________ aluno pode resolver.

이 문제는 매우 쉬워서 어떤 학생이라도 풀 수 있다.

⑲ Este casaco não serve. O senhor não tem __________?

이 코트는 저에게 맞지 않습니다. 다른 것은 없나요?

⑳ Já fomos na casa deles __________ vezes.

우리는 그들의 집에 이미 여러 번 갔었다.

㉑ A gente __________ muito na festa de aniversário da Diana.

우리는 지아나 생일파티에서 신나게 즐겼다.

㉒ Eles não __________ há muito tempo, mas __________.

그들은 서로 안지 얼마 안되었지만 서로 사랑한다.

㉓ As crianças __________ rápido porque estavam atrasadas.

아이들은 늦어서 옷을 빨리 입었다.

㉔ Ela sempre __________ bem comigo.

그녀는 언제나 나와 잘 지낸다.

㉕ Ela não estava __________ bem, então pegou um táxi para casa.

그녀는 컨디션이 좋지 않아서, 택시 타고 집으로 갔다.

㉖ A carta __________ você nos enviou me deixou muito feliz.

네가 우리에게 보낸 편지는 나를 매우 기쁘게 했다.

㉗ Gostei do livro ____________ você me comprou.

네가 나에게 사준 책을 좋아했다.

㉘ O rapaz com ____________ você conversou é meu colega.

네가 대화한 그 청년은 내 동료이다.

㉙ Esta é a razão pela ____________ estou com enxaqueca.

이게 내가 편두통을 앓는 이유이다.

㉚ Esta é a universidade ____________ estudei.

이곳이 내가 공부했던 대학교이다.

17과

전치사와 전치사구

1 전치사

1) **a**

- ~로(이동) — Você tem que ir ao trabalho.
  너는 직장에 가야만 한다.
- ~에(시간) — Eu tenho aula às dez horas.
  나는 10시에 수업이 있다.
- ~대(對) — Ele ganhou o jogo por dois a um.
  그가 2 대 1로 경기를 이겼다.

2) **de**

- ~의 — O carro da Maria é muito caro.
  마리아의 차는 매우 비싸다.
- ~로부터 — Ele veio do Brasil.
  그는 브라질로부터 왔다.
- ~에 대해 — Já ouvi falar muito de vocês.
  이미 당신들에 대해 많이 들었다.
- ~로(원인) — Eu estou morrendo de fome.
  나는 배고파 죽겠다.
- ~로(교통수단) — Ele vai à escola de metrô.
  그는 지하철로 학교에 간다.

3) **em**

- ~에(장소) — Agora estou em casa.
  나는 지금 집에 있다.
- ~에(때) — A gente vai para Lisboa em julho.
  우리는 7월에 리스본에 간다.

	• ~로(소유주 있는 교통수단)	Vamos à praia no meu carro. 내 차로 해변에 가자.
4) **por**	• ~동안(기간)	Eu fiquei em São Paulo por um ano. 나는 1년 동안 상파울루에 있었다.
	• ~때문에(원인)	Obrigado pela ajuda. 도와줘서 고마워.
	• ~에 의해(행위자)	Esse livro foi escrito pelo Prof. Kim. 이 책은 김교수님이 썼다.
	• ~대신	Ele fez o relatório por mim. 그가 나를 대신하여 보고서를 만들었다.
	• ~당(단위)	Eu vou ao cinema uma vez por mês. 나는 한 달에 한 번 영화관에 간다.
	• ~통해	Eu quero viajar pelo mundo. 세계를 여행하고 싶다.
	• ~경(시간)	Minhas filhas voltaram lá pelas nove. 딸들은 9시경에 돌아왔다.
	• ~쯤(장소)	O banco fica por aí. 은행은 거기쯤 있다.
5) **para**	• ~로(이동)	Eu volto para casa. 나는 집으로 돌아간다.
	• ~에게(사람)	Liga para mim. 나에게 전화해.
	• ~위해(목적)	Vou ao shopping para fazer compras. 나는 쇼핑하러 쇼핑센터에 간다.
6) **sobre**	• ~위에	Coloque o copo sobre a mesa. 컵을 탁자 위에 놓으세요.

	• ~에 대해	Vamos conversar sobre a economia brasileira. 브라질경제에 대해 얘기합시다.
7) **com**	• ~함께	Vou viajar com meus amigos. 나는 친구들과 함께 여행할 것이다.
	• ~을 가지고	Abra a porta com a chave. 열쇠를 가지고 문을 여세요.
8) **sem**	• ~없이	Ele saiu sem dizer nada. 그는 아무 말없이 나갔다.
9) **entre**	• ~사이에	Ele está entre a vida e a morte. 그는 삶과 죽음 사이에 있다.
10) **até**	• ~까지	Vamos trabalhar até tarde. 우리 늦게까지 일합시다.
11) **sob**	• ~하에	O país estava sob domínio estrangeiro. 그 나라는 외세 지배 하에 있었다.
12) **desde**	• ~이래로	Eu trabalho aqui desde 2023. 나는 2023년 이래로 여기에서 일한다.
13) **contra**	• ~반해, 대항해	Ele lutou contra o inimigo. 그는 적에 대항해 싸웠다.
14) **exceto**	• ~제외하고	A loja abre todo dia, exceto domingo. 그 가게는 일요일을 제외하고 매일 문을 연다.
15) **após**	• ~후에	O presidente assumiu o cargo após as eleições. 대통령은 선거 후에 취임했다.

2 주요 전치사구

1) **além de**

~이외에

Além de mim, Paulo foi convidado.

나 외에도, 빠울루가 초대되었다.

A cidade é linda e, além disso, as pessoas são simpáticas.

도시는 아름답고, 그 외에도 사람들이 친절하다.

2) **apesar de**

~에도 불구하고

Apesar do trânsito, cheguei a tempo.

교통체증에도 불구하고, 나는 제시간에 도착했다.

Apesar de estar cansado, ele continuou a trabalhar.

피곤함에도 불구하고, 그는 계속 일했다.

3) **através de**

~통하여
(물리적, 매개체)

Ele me viu através da janela.

그는 창문을 통해 나를 보았다.

Consegui o emprego através do meu professor.

나는 교수님을 통해 일자리를 얻었다.

4) **a fim de**

~위해(목적),
~하고 싶은(의향)

Estudei muito a fim de passar no exame.

나는 시험에 합격하기 위해 열심히 공부했다.

Estou a fim de beber hoje.

나 오늘 술 마시고 싶다.

5) **de acordo com**

~에 따르면(출처),
~에 따라(규칙),
~와 동의하는

De acordo com a previsão do tempo, o tempo vai esfriar.

일기예보에 따르면, 날씨가 추워질 것이다.

Estou de acordo com você.

나는 당신의 의견에 동의한다.

6) **de graça**

공짜로

Eu ganhei este ingresso de graça.

나는 이 입장권을 공짜로 얻었다.

7) **de imediato** — Ele respondeu de imediato, sem hesitar.

즉시 — 그는 망설임 없이 즉시 대답했다.

8) **de propósito** — Não fiz de propósito, foi um acidente.

고의로 — 내가 고의로 그런 게 아니라, 사고였다.

9) **de repente** — De repente, começou a chover.

갑자기, 아마도 — 갑자기 비가 오기 시작했다.

De repente, seria melhor ficar em casa.

아마도 집에 있는 게 더 나을 거야.

10) **em breve** — A reunião vai começar em breve.

조만간, 곧 — 회의가 곧 시작될 것이다.

11) **em relação a** — Ele pediu um relatório em relação ao coronavírus.

~관련한, ~에 관한 — 그는 코로나바이러스에 관한 보고서를 요청했다.

12) **em vez de** — Ela tomou água em vez de café.

~대신에 — 그녀는 커피 대신에 물을 마셨다.

13) **por acaso** — Você, por acaso, sabe o meu nome?

혹시, 우연히 — 혹시 너는 내 이름을 알고 있니?

Nada acontece por acaso.

아무 일도 우연히 발생하진 않는다.

14) **por causa de** — Ela não veio por causa da chuva.

~때문에 — 비 때문에 그녀가 오지 않았다.

15) **por enquanto** — Por enquanto, não vou estudar mais.

당분간, 일단은 — 당분간은 더 공부하지 않을 것이다.

3 전치사 수반 동사 및 형용사

~하는 것을 배우다	aprender a ~	~하는 것을 가르치다	ensinar a ~
~하는 것을 도와주다	ajudar a ~	~하는 것을 시작하다	começar a ~
~하는 것을 계속하다	continuar a ~	~와 같은	igual a ~

Eu aprendi a tocar violão. 나는 기타 치는 것을 배웠다.

Ele me ensinou a andar de bicicleta. 그가 내게 자전거 타는 것을 가르쳐 주었다.

Ela me ajudou a cozinhar. 그녀는 내가 요리하는 것을 도와주었다.

Eu comecei a trabalhar depois do almoço. 나는 점심식사 후에 일하기 시작했다.

Ele continuou a estudar até tarde. 그는 늦게까지 공부를 계속했다.

Seu livro é igual ao meu. 너의 책은 내 책과 같다.

막 ~하다	acabar de ~	~(하는 것)를 좋아하다	gostar de ~
~하는 것을 멈추다	parar de ~	~하는 것을 포기하다	deixar de ~
~를 기억하다	lembrar-se de ~	~를 잊어버리다	esquecer-se de ~
~를 돌보다	cuidar de ~	~에 달려 있다	depender de ~
~하기에 쉬운	fácil de ~	~하기에 어려운	difícil de ~

Eu acabei de chegar em casa. 나는 집에 막 도착했다.

Ele gosta de jogar futebol. 그는 축구하는 것을 좋아한다.

Ela parou de falar. 그녀는 말하는 것을 멈췄다.

Ele deixou de beber. 그는 술을 끊었다.

Eu me lembro do seu nome. 나는 네 이름을 기억한다.

Ele se esqueceu do meu nome. 그는 내 이름을 잊어버렸다.

Ela cuida dos meus filhos. 그녀는 내 아이들을 돌본다.

Tudo depende da situação. 모든 것은 상황에 따라 달라진다.

Essa comida é fácil de fazer. 이 음식은 만들기 쉽다.

A dura verdade era difícil de aceitar. 가혹한 진실은 받아들이기 어려웠다.

~를 믿다	acreditar em ~	~를 믿다	confiar em ~
~를 생각하다	pensar em ~	~에 흥미있는	interessado em ~
~하는 것에 동의하다	concordar em + V	~하는 것에 만족하다	contente em + V

Você acredita em mim? 너는 나를 믿니?

Eu confio em meu marido. 나는 내 남편을 믿는다.

Eu penso em você todos os dias. 나는 매일 너를 생각한다.

Eu estou interessado em dirigir um carro. 나는 자동차 운전에 흥미가 있다.

Concordamos em trabalhar juntos. 우리는 함께 일하는 것에 동의했다.

Fiquei contente em te ajudar. 너를 도와줘서 만족했다.

~와 결혼하다	casar-se com ~	~와 닮은	parecido com ~
~에 동의하다	concordar com + N	~에 만족하는	contente com + N
~를 꿈꾸다	sonhar com + N		

Eu me casei com a primeira namorada. 나는 첫 여친과 결혼했다.

Você é parecido com seu pai. 너는 네 아버지와 닮았다.

Você concorda com a minha opinião? 너는 나의 의견에 동의하니?

Ele está contente com os resultados. 그는 그 결과에 만족한다.

Eu sonhei com você. 나는 네 꿈을 꾸었다.

연습문제

① As provas começam ___________ (o) dia 15 ___________ junho.

시험은 6월 15일에 시작한다.

② Ele não saiu ___________ (a) porta lateral.

그는 옆문으로 나가지 않았다.

③ Você pode acreditar ___________ mim?

너는 나를 믿을 수 있니?

④ Eu sempre converso ___________ minha namorada.

나는 항상 내 여친과 이야기한다.

⑤ Ela não pode fazer nada ___________ o marido.

그녀는 남편 없이는 아무것도 하지 못한다.

⑥ Eu sempre penso ___________ você porque gosto ___________ você.

나는 널 좋아하기 때문에 항상 생각하고 있다.

⑦ Ele entregou o cartão de crédito ___________ mim.

그는 내게 신용카드를 건넸다.

⑧ A gente vai ___________ (o) Porto ___________ (o) próximo mês.

우리는 다음 달에 포르투에 간다.

⑨ Ela ficou muito satisfeita ___________ minha resposta.

그녀는 내 대답에 매우 만족했다.

⑩ Gostaria de comentar ___________ esta política.

나는 이 정책에 대해 의견을 제시하고 싶다.

⑪ Tenho que entregar o relatório ___________ o fim de semana.

나는 주말까지 보고서를 제출해야 한다.

⑫ Ele foi à churrascaria Fogo de Chão ________ comer uma carne deliciosa.

그는 맛있는 고기를 먹기 위해 Fogo de Chão 슈하스까리아에 갔다.

⑬ ___________ (o) verão, a família Silva passa duas semanas ___________ (a) praia.

여름에 실바 가족은 해변에서 2주를 보낸다.

⑭ Neste aspecto, ele é parecido ___________ o pai.

이런 면에서 그는 아버지를 닮았다.

⑮ Eles estão preparados ___________ a entrevista.

그들은 면접에 준비되어 있다.

⑯ Estou curioso ___________ (as) novidades do Brasil.

나는 브라질의 새로운 소식이 궁금하다.

⑰ Este retrato é igual ___________ (a) pintura antiga.

이 초상화는 저 오래된 그림과 똑같다.

⑱ Esta decisão não foi agradável __________ ninguém.

이 결정은 누구에게도 달갑지 않았다.

⑲ Estamos interessados __________ revistas científicas.

우리는 과학 잡지에 관심이 있다.

⑳ __________ dinheiro, ele também quer um emprego.

돈 외에 그는 일자리도 원한다.

㉑ Ela guiou a equipe __________ (a) crise.

그녀는 위기를 통하여 팀을 이끌었다.

㉒ O seminário oferece um almoço __________.

세미나에서는 무료로 점심 식사가 제공됩니다.

㉓ Ele não pisou no meu pé __________ Foi apenas um acidente.

그가 고의로 내 발을 밟은 것이 아니었다. 그냥 사고였다.

㉔ A conferência foi um sucesso __________ alguns pequenos problemas.

몇 가지 사소한 문제가 있었음에도 불구하고 컨퍼런스는 성공적이었다.

㉕ Ele leu um jornal __________ uma revista durante o almoço.

그는 점심시간에 잡지 대신 신문을 읽었습니다.

㉖ O escritor recusou o contrato __________ diferenças criativas.

작가는 창작적 의견 차이 때문에 계약을 거부했다.

㉗ A multidão ficou descontrolada quando o show foi cancelado ___________.

공연이 갑자기 취소되자 군중은 통제불능이었다.

㉘ A ideia de criar um blog de viagens surgiu ___________.

여행 블로그를 만드는 아이디어는 우연히 떠올랐다.

㉙ A escola funciona ___________ as políticas educacionais do distrito.

학교는 해당 지역의 교육 정책에 따라 운영된다.

㉚ Ela decidiu ficar em silêncio ___________ e ouvir os outros.

그녀는 당분간 아무 말 하지 않고 다른 사람들의 말을 듣기로 했다.

18과

비교급과 최상급

1 비교급

1) 우등비교

A는 B 보다 더 ~하다	A 동사 mais (do) que B. A 동사 mais 명사/형용사/부사 (do) que B.

Eu bebi mais (do) que você. 내가 너보다 술 더 마셨다.

Ele é mais gordo (do) que eu. 그는 나보다 더 뚱뚱하다.

Eu tenho mais dinheiro (do) que ele. 나는 그 사람보다 돈이 더 많다.

2) 열등비교

A는 B 보다 덜 ~하다	A 동사 menos (do) que B. A 동사 menos 명사/형용사/부사 (do) que B.

Eu comi menos (do) que ela. 나는 그녀보다 덜 먹었다.

Ela trabalha menos (do) que eu. 그녀는 나보다 덜 일한다.

Eu tenho menos experiência (do) que você. 나는 너보다 경험이 적다.

3) 동등비교

A는 B만큼 ~하다	A 동사 tanto quanto B. A 동사 tão 형용사/부사 quanto B. A 동사 tanto(s)/tanta(s) 명사 quanto B.

Ele come tanto quanto você. 그는 너만큼 많이 먹는다.

Ele é tão inteligente quanto ela. 그는 그녀만큼 똑똑하다.

Eu li tantos livros quanto você. 나는 너만큼 책을 읽었다.

4) 형용사와 부사의 불규칙 비교급 형태

형용사	부사	비교급
bom/boa 좋은	bem 잘, 좋게	melhor 더 좋은 melhor 더 잘, 더 좋게
mau/má/ruim 나쁜	mal 잘못, 나쁘게	pior 더 나쁜 pior 더 잘못, 더 나쁘게
grande 큰		maior 더 큰
pequeno/a 작은		menor 더 작은

Este carro é melhor (do) que o outro. 이 차는 다른 차보다 더 좋다.

O resultado é pior (do) que imaginava. 결과는 예상했던 것보다 더 나쁘다.

Sua casa é maior (do) que a minha. 너의 집이 내 집보다 더 크다.

Meu carro é menor (do) que o seu. 내 차는 네 차보다 더 작다.

5) 동일한 사람(사물)의 특징을 비교할 때 형태 주의!

Ele é mais inteligente que bonito. 그는 잘생기기보다는 똑똑하다.

Esse carro é mais grande que pequeno. 이 차는 작은 편이 아니라 큰 편이다.

6) 기타 비교 의미 표현

~와 다른	diferente de	~와 같은	igual a
~ 보다 이전	anterior a	~ 보다 이후	posterior a
~ 보다 위	superior a	~ 보다 아래	inferior a

A sua opinião é diferente da minha. 당신의 의견은 내 의견과 다르다.

O meu carro é igual ao seu. 내 차는 당신의 차와 같다.

Isso aconteceu em uma hora anterior à da reunião.
이 일은 회의 1시간 전에 발생했다.

A data não pode ser posterior a 31 de dezembro.
날짜는 12월 31일 이후일 수 없다.

A temperatura no forno não deve ser superior a 30 graus.
오븐의 온도는 30도를 넘지 않아야 한다.

O prazo não pode ser inferior a quatro semanas.
기한은 4주보다 짧을 수 없다.

너무 ~해서 A 하다	동사 tão 형용사/부사 que A 동사 tanto(s)/tanta(s) 명사 que A 동사 tanto que A

O filme era tão emocionante que todos choraram.
그 영화는 너무 감동적이어서 모두가 울었다.

Tem tantas pessoas que não consigo entrar.
사람이 너무 많아서 들어갈 수가 없다.

Ele riu tanto que a barriga doeu.
그는 너무 많이 웃어서 배가 아팠다.

A 하면 할수록 더 B 하다	quanto 비교급 A (tanto) 비교급 B

Quanto mais, melhor. 많을수록 좋다.

Quanto mais cedo, melhor. 빠를수록 좋다.

Quanto mais você estuda, mais você aprende.
네가 더 공부할수록, 더 많이 배운다.

2 비교 최상급

1) 최상급 패턴에서 정관사와 형용사는 수식하는 명사의 성수에 일치

B 중에 가장 A한	o(s)/a(s) mais A de B (명사구) o(s)/a(s) mais A que B (절)
B 중에 가장 A하지 않은	o(s)/a(s) menos A de B (명사구) o(s)/a(s) menos A que B (절)

Ele é o mais rápido da escola.
그는 학교에서 가장 빠르다.

Ela é a aluna menos inteligente da turma.
그녀는 반에서 가장 똑똑하지 않은 학생이다.

Este é o filme mais triste que eu já assisti.
이것은 내가 본 것 중 가장 슬픈 영화이다.

Esse foi o trabalho mais difícil que eu já fiz.
이것은 내가 했던 것 중 가장 어려운 일이었다.

2) 불규칙 비교급 형태가 최상급에 사용될 때 주의

Esse é o melhor café que já tomei.
이것은 내가 마셔본 것 중 최고의 커피이다.

Essa foi a melhor viagem que eu já fiz na minha vida.
이것은 내 인생 최고의 여행이었다.

Ele é o pior jogador do time. 그는 팀에서 최악의 선수다.

São Paulo é a maior cidade do Brasil. 상파울루는 브라질 최대의 도시이다.

O Suriname é o menor país da América do Sul.
수리남은 남미에서 가장 작은 국가이다.

3 절대 최상급

● 절대 최상급은 비교 대상 없이 '아주 ~한', '최고로 ~한'의 의미

1) 어말이 모음일 때는 –íssimo/a

forte – fortíssimo 아주 강한
bonito – bonitíssimo 아주 예쁜
caro – caríssimo 아주 비싼
barato – baratíssimo 아주 싼

2) 어말이 –vel 일 때는 –bilíssimo/a

agradável – agradabilíssimo 아주 온화한

amável – amabilíssimo 아주 사랑스러운

3) 어말이 –ão, –m일 때는 –níssimo/a

são – saníssimo 아주 성스러운
comum – comuníssimo 아주 보통의

4) 어말이 –z 일 때는 –císsimo/a

feliz – felicíssimo 아주 행복한
feroz – ferocíssimo 아주 사나운

5) 불규칙 형태

bom – ótimo 아주 좋은, 최고의
mau/ruim – péssimo 아주 나쁜, 최악의
grande – máximo 아주 큰, 최대의
pequeno – mínimo 아주 작은, 최소의
fácil – facílimo 아주 쉬운
difícil – dificílimo 아주 어려운

Esse carro é caríssimo. 이 차는 아주 비싸다.

Essa casa é bonitíssima. 이 집은 아주 예쁘다.

A sua palestra foi ótima. 당신의 강연은 최고였다.

A prova foi dificílima. 시험이 아주 어려웠다.

연습문제

① O almoço no restaurante é ________ ________ ________ o jantar no hotel. (barato)

레스토랑에서의 점심식사는 호텔에서의 저녁식사보다 저렴하다.

② A viagem ao Brasil é ________ ________ ________ a viagem a Portugal. (cansativo)

브라질로의 여행은 포르투갈로의 여행보다 더 피곤하다.

③ Seul é ________ ________ ________ Lisboa. (moderno)

서울은 리스본보다 더 현대적이다.

④ Este hotel é ________ ________ ________ o Hotel Intercontinental no centro. (caro)

이 호텔은 도심에 있는 인터컨티넨탈 호텔만큼 비싸다.

⑤ Meu pai está ________ ________ este ano ________ no ano passado. (ocupado)

아버지는 작년보다 올해 더 바쁘시다.

⑥ Os problemas na capital são ________ ________ ________ nas cidades pequenas. (sério)

수도에서의 문제가 소도시의 문제보다 더 심각하다.

⑦ Eles conhecem os detalhes ________ ________ ________ nós. (bem)

그들은 우리만큼 세부사항을 잘 안다.

⑧ Seu argumento é ________ ________ ________ o meu. (fraco)

당신의 주장은 내 주장보다 더 약하다.

⑨ Meu espanhol é ________ ________ ________ meu italiano. (limitado)

나의 스페인어는 이탈리아어만큼 제한적이다.

⑩ Os trens japoneses são ________ ________ ________ os coreanos? (rápido)

일본 기차들이 한국 기차들보다 빠를까?

⑪ Os ônibus grandes são ________ ________ ________ os ônibus pequenos. (confortável)

대형 버스들은 소형 버스들보다 덜 편안하다.

⑫ São Paulo é ________ ________ ________ Manaus. (frio)

상파울루는 마나우스보다 더 춥다.

⑬ Juliano é um advogado ________ ________ ________ Carlos. (experiente)

줄리아누는 까를루스만큼 경험 많은 변호사이다.

⑭ Fevereiro é ________ ________ ________ março. (curto)

2월은 3월보다 더 짧다.

⑮ O exame de junho é ________ ________ ________ o de dezembro. (difícil)

6월 시험은 12월 시험만큼 어렵다.

⑯ Eu não tenho ________ energia ________ você.

나는 너만큼 에너지가 없다.

⑰ Não temos ________ livros ________ vocês.

우리는 너희들만큼 책이 없다.

⑱ Ele tem ________ responsabilidades ________ ela.

그는 그녀만큼 책임감을 가지고 있다.

⑲ Eu fiz ________ exercício ________ você.

나는 너만큼 많은 운동을 했다.

⑳ Eu não assisto ________ dramas ________ vocês.

나는 너희들만큼 드라마를 그렇게 많이 보지는 않는다.

㉑ Este livro é ________ ________ interessante ________ biblioteca.

이 책은 도서관에서 가장 흥미롭다.

㉒ Ela é ________ aluna ________ dedicada ________ turma.

그녀는 반에서 가장 헌신적인 학생이다.

㉓ Este é ________ restaurante ________ caro ________ cidade.

이곳은 이 도시에서 가장 비싼 레스토랑이다.

㉔ Guilherme foi ________ ________ rápido ________ competição.

길레르미는 대회에서 가장 빨랐다.

㉕ Ela é ________ ________ bonita ________ clube.

그녀는 이 클럽에서 가장 예쁘다.

㉖ Esta é ________ praia ________ bonita ________ Brasil.

이곳은 브라질에서 가장 아름다운 해변이다.

㉗ Este é ________ exercício ________ difícil ________ livro.

이것은 그 책에서 가장 어려운 연습문제이다

㉘ Fabiano é ________ jogador ________ alto ________ eu já vi.

파비아누는 내가 본 선수 중에 가장 키 큰 선수이다.

㉙ Ontem foi ________ dia ________ frio ________ inverno.

어제는 이번 겨울에서 가장 추운 날이었다.

㉚ A biblioteca é ________ lugar ________ silencioso ________ escola.

도서관은 학교에서 가장 조용한 장소이다.

19과

축소사와 증대사

- 명사, 형용사, 부사에 접미사를 붙여 표현
- 축소사는 '작은 크기', '강조', '애정', '경멸' 등의 의미 표현
- 증대사는 '큰 크기', '강조', '훌륭함', '경멸' 등의 의미 표현
- 다양한 감정과 뉘앙스를 전달할 수 있는 포르투갈어 표현 기법
- 특별한 의미 변화가 없을 때도 편안하고 친근한 분위기의 말투로 사용

1 축소사

1) 마지막 모음을 빼고 –inho/–inha를 붙임.

livro – livrinho 작은 책

casa – casinha 작은 집

filho – filhinho 귀여운 아들

bonito – bonitinho 아주 예쁜

alegre – alegrinho 아주 기쁜

jogo – joguinho 재미없는 경기

cachorro – cachorrinho 작은 강아지

faca – faquinha 작은 칼

problema – probleminha 사소한 문제

perto – pertinho 아주 가까운

um pouco – um pouquinho 아주 조금

filme – filminho 재미없는 영화, 짧은 영화

2) 다음의 경우엔 –zinho/–zinha를 붙임.

① 어말 음절에 강세가 있는 경우

café – cafezinho 작은 커피

flor – florzinha 작은 꽃

animal – animalzinho 작은 동물

pé – pezinho 작은 발

dor – dorzinha 가벼운 통증

② 어말 음절이 비음인 경우

pão – pãozinho 작은 빵

coração – coraçãozinho 작은 심장

mão – mãozinha 작은 손

irmão – irmãozinho 남동생

irmã – irmãzinha 여동생

mãe – mãezinha 사랑스런 엄마

avó – vozinha 사랑스런 할머니

③ 어말 음절이 이중모음 이상인 경우

pai – paizinho 사랑스런 아빠

rua – ruazinha 작은 길

Meu marido me deu uma florzinha. 남편이 나에게 작은 꽃을 주었다.

Eu vi um cachorrinho fofo no parque. 공원에서 귀여운 강아지를 보았다.

Ele tem um probleminha no carro. 그는 차에 사소한 문제가 좀 있다.

Vamos tomar uma cervejinha mais tarde. 나중에 편하게 맥주 한잔 하자.

Minha casa fica pertinho daqui. 내 집은 여기서 아주 가깝다

2 증대사

1) 마지막 모음을 빼고 –ão/–ona를 붙임.

carro – carrão 큰 차

livro – livrão 큰 책

cachorro – cachorrão 큰 강아지

peixe – peixão 큰 물고기

problema – problemão 큰 문제

programa – programão 좋은 프로그램

tempo – tempão 오랜 시간

grande – grandão 아주 큰

chefe – chefão 좋은 상사, 빅 보스

borboleta – borboletona 큰 나비

solteiro – solteirão 노총각

solteira – solteirona 노처녀

amigo – amigão 남자 절친

amiga – amigona 여자 절친

choro – chorão 남자 울보

choro – chorona 여자 울보

2) 다음의 경우엔 -zão/-zona를 붙임.

① 어말 음절에 강세가 있는 경우

pé - pezão 큰 발

mar - marzão 큰 바다

favor - favorzão 큰 호의

② 어말 음절이 비음인 경우

mão - mãozona 큰 손

mãe - mãezona 위대한 어머니

③ 어말 음절이 이중모음 이상인 경우

pai - paizão 위대한 아버지

3) 그 밖의 증대사

jogo - jogaço/jogão 빅 경기

domingo - domingaço/domingão 즐거운 일요일

gol - golaço 멋진 골

homem - homenzarrão 건장한 남자

casa - casarão 큰 집

rapaz - rapazão/rapagão 건장한 청년/듬직한 청년

mulher - mulherão/mulherona 매력적인 여자/덩치 큰 여자

Ele comprou um carrão novo. 그는 엄청 큰 새 차를 샀다.

Isso é um problemão. 이건 정말 큰 문제다.

Foi um domingaço! 정말 즐거운 일요일이었어요!

Que jogaço! O time virou o placar.
정말 멋진 경기네요! 팀이 역전했어요.

O Ronaldo marcou um golaço de bicicleta.
호날두가 환상적인 바이시클킥 골을 넣었다.

연습문제

① Você aceita um ___________ (café)?

커피 한 잔 하실래요?

② Não gosto desta ___________ (mulher).

나는 이 여자가 마음에 들지 않는다. (비하의 의미)

③ Ela deixa tudo ___________ (limpo).

그녀는 모든 것을 아주 깨끗하게 놔둔다.

④ O ___________ (gato) está dormindo no sofá.

귀여운 고양이가 소파에서 자고 있다.

⑤ Minha namorada está tão ___________ (bonita) hoje!

내 여친은 오늘 정말 예쁘다.

⑥ Quero só um ___________ (pedaço) de bolo.

나는 케이크 한 조각만 원한다.

⑦ Nossa! Que ___________ (filme) ruim!

와! 정말 형편없는 영화네!

⑧ Ela mora numa ___________ (rua) perto da igreja.

그녀는 교회 근처의 작은 길에 산다

⑨ Meu filho entrou na casa ___________ (rápido).

아들이 집에 아주 빠르게 들어왔다.

⑩ Estou procurando uma casa pequena e bonita. Sonho com uma ___________ (casa) assim.

나는 작고 예쁜 집을 찾고 있다. 나는 이런 집을 꿈꾼다.

⑪ Minha irmã está fazendo uma ___________ (comida) gostosa.

여동생이 맛있는 음식을 만들고 있다.

⑫ Fale bem ___________ (baixo) por favor!

제발 좀 작게 말하세요.

⑬ Eles moram ___________ (perto) daqui.

그들은 여기서 아주 가까이에 삽니다.

⑭ Eu li a mensagem ___________ (toda).

나는 그 메세지를 전부 다 읽었다.

⑮ Gostei do texto todo, do _________ (começo) até o ___________ (fim).

나는 처음부터 끝까지 그 텍스트 전부 좋았다.

⑯ Faça tudo ___________ (direito).

모든 걸 제대로 하세요.

⑰ Quero tomar só ___________ (um pouco) de café.

커피 아주 조금만 마시고 싶다.

⑱ Tenho um __________ (programa) hoje, você está curioso?
오늘은 정말 좋은 프로그램이 있는데, 궁금하니?

⑲ Ele é alto e forte. Ele é um __________ (rapaz).
그는 키 크고 튼튼하다. 그는 건장한 청년이다.

⑳ A gente gosta muito do nosso chefe. Ele é um __________ (chefe).
우리는 팀장을 매우 좋아한다. 그는 최고의 상사이다.

㉑ Ele comprou um __________ (carro) vermelho.
그는 대형 빨간 차를 샀다.

㉒ Tiago foi pescar e pegou um __________ (peixe).
치아구는 낚시하러 가서 큰 물고기를 잡았다.

㉓ Como a __________ (mãe), ela nunca deixa ninguém sair sem comer.
그녀는 어머니처럼 누구도 먹지 않고는 나가지 못하게 한다.

㉔ Eles enfrentaram um __________ (problema) difícil.
그들은 매우 어려운 문제에 직면했다.

㉕ O Henrique fez um __________ (favor) para mim.
엥히끼가 나에게 큰 호의를 베풀었다.

㉖ Você está por aqui? Faz um __________ (tempo)!
여기 계세요? 정말 오랜만이에요!

㉗ Ele era advogado e tinha um ___________ (casa) em Florianópolis.

그는 변호사였고 플로리아노폴리스에 큰 집을 가지고 있었다.

㉘ Eu posso ir a qualquer lugar do mundo com esta ___________ (mulher).

나는 이 매력적인 여자와 함께 라면 세상 어디든 갈 수 있다.

㉙ Vi um ___________ (homem) na festa.

나는 파티에서 건장한 남자를 보았다.

㉚ Uma ___________ (borboleta) dançou no ar antes de pousar em uma flor.

커다란 나비가 꽃에 앉기 전에 공중에서 춤을 추었다.

20과

진행형과 수동태

1 진행형과 현재분사

1) 현재분사 형태는 주어의 성수에 불변. 불규칙 형태도 없음.

-ar 동사	-er 동사	-ir 동사
-ando	-endo	-indo

2) estar동사의 시제에 따라 현재진행형과 과거진행형 표현

	현재진행형 (estar 현재형 + 현재분사)		과거진행형 (estar 불완전과거형 + 현재분사)	
1인칭단수	estou	-ando -endo -indo	estava	-ando -endo -indo
3인칭단수	está		estava	
1인칭복수	estamos		estávamos	
3인칭복수	estão		estavam	

Eu estou estudando português. 나는 포르투갈어를 공부하는 중이다.

O que você está fazendo agora? 지금 무엇을 하는 중인가요?

Ele está assistindo TV na sala. 그는 거실에서 TV를 보는 중이다.

Eles estavam jogando futebol. 그들은 축구를 하고 있었다.

Eu estava viajando com minha família. 나는 가족과 여행 중이었다.

Ele estava dormindo quando eu cheguei. 내가 도착했을 때 그는 자고 있었다.

3) 동시동작 '~하면서'의 의미로 사용

Ele sempre trabalha ouvindo música.
그는 항상 음악을 들으면서 일한다.

Eu estou sentado na sala tomando café.
나는 커피를 마시며 거실에 앉아 있다.

A gente assistiu ao filme comendo pipoca.
우리는 팝콘을 먹으면서 영화를 보았다.

2 수동태와 과거분사(pp)

1) 과거분사 형태는 주어의 성수에 변화. 불규칙 형태도 있음.

① 과거분사 규칙형태

-ar 동사	-er 동사	-ir 동사
-ado	-ido	

② 수동태에 사용되는 주요 불규칙 과거분사 형태

의미	동사원형	불규칙 과거분사
열다	abrir	aberto
덮다	cobrir	coberto
발견하다	descobrir	descoberto
쓰다	escrever	escrito
묘사하다	descrever	descrito
~하다, 만들다	fazer	feito
말하다	dizer	dito
보다	ver	visto

오다	vir	vindo
놓다, 넣다	pôr	posto
소비하다	gastar	gasto
지불하다	pagar	pago
얻다, 벌다, 이기다	ganhar	ganho
인도하다, 배달하다	entregar	entregue
받아들이다, 수락하다	aceitar	aceito
선출하다	eleger	eleito
죽이다	matar	morto

2) 능동태를 수동태로 바꾸기

능동태	A(주어) V(동사) B(목적어)
수동태	B(주어) ser + pp por A(행위자)

① 수동태의 시제를 능동태의 시제와 일치

② 과거분사가 불규칙형태인지 규칙형태인지 구분

③ 과거분사를 주어의 성수에 일치

O chef prepara a comida. 쉐프가 음식을 준비한다.

⇒ A comida é preparada pelo chef. 음식은 쉐프에 의해 준비된다.

O prof. Beto escreveu este livro. 베뚜 교수가 이 책을 집필했다.

⇒ Este livro foi escrito pelo prof. Beto. 이 책은 베뚜 교수에 의해 집필되었다.

Ela vai abrir uma loja nova. 그녀는 새로운 매장을 오픈할 예정이다.

⇒ Uma loja nova vai ser aberta por ela. 새로운 매장이 그녀에 의해 오픈될 예정이다.

3) se를 사용한 수동태: 행위자가 중요하지 않거나 알 수 없을 때 사용

Vendem-se casas. 집 팝니다.

(= Casas são vendidas.)

Alugam-se carros. 차 빌려드립니다.

(= Carros são alugados.)

Consertam-se celulares. 휴대폰 수리합니다.

(= Celulares são consertados.)

Compram-se livros usados. 중고책 삽니다.

(= Livros usados são comprados.)

Reformam-se roupas usadas. 중고옷 수선합니다.

(= Roupas usadas são reformadas)

연습문제

① Eu ___________ (cozinhar) muito na cozinha.

나는 부엌에서 열심히 요리하는 중이다.

② Ela ___________ (ler) três revistas novas.

그녀는 새로운 잡지 세 권을 읽는 중이다.

③ Eles ___________ (pesquisar) no laboratório.

그들은 실험실에서 연구하는 중이다.

④ Rafael e Helena ___________ (trabalhar) naquela empresa.

하파엘과 엘레나는 그 회사에서 일하는 중이다.

⑤ Nós ___________ (tomar) suco de laranja fresco.

우리는 신선한 오렌지 주스를 마시는 중이다.

⑥ Hoje de manhã, eu ___________ (estudar) para a prova.

오늘 아침에 나는 시험 공부를 하고 있었다.

⑦ Quando cheguei, eles ___________ (jantar) com a família.

내가 도착했을 때, 그들은 가족과 함께 저녁을 먹고 있었다.

⑧ Naquela noite, ___________ (assistir) a um filme no cinema.

그날 밤 우리는 영화관에서 영화 한 편 보고 있었다.

⑨ Enquanto o professor explicava, alguns alunos ______________ (dormir) na sala.

교수가 설명하는 동안, 몇몇 학생들은 교실에서 자고 있었다.

⑩ Ontem à tarde, a Maria ______________ (trabalhar) no escritório até tarde.

어제 오후 마리아는 사무실에서 늦게까지 일하고 있었다.

⑪ O livro ______________ (publicar) hoje.

책이 오늘 출판되었다.

⑫ Ontem eles ______________ (convidar) para a festa.

어제 그들은 파티에 초대되었다.

⑬ Antigamente as cartas ______________ (escrever) à mão.

예전에는 편지를 손으로 썼다.

⑭ A bolsa de estudo não ______________ (oferecer) pela escola.

학교에서 장학금이 제공되지 않았다.

⑮ Este acordo ______________ (assinar) há dois meses.

이 협정은 두 달 전에 체결되었다.

⑯ Carina ______________ (encontrar) recentemente no centro da cidade.

까리나가 최근 도심에서 발견되었다.

⑰ No ano que vem, nossos produtos ______________ (exportar) para a Europa.

내년이면 우리의 제품들이 유럽으로 수출될 것이다.

⑱ Ele não ________ (atender) pelo médico se não fosse paciente antigo.

그가 오랜 환자가 아니었다면, 의사에게 진료받지 못했을 것이다.

⑲ Muitas casas novas ________ (construir) no bairro no ano passado.

작년에 그 동네에 많은 새 집들이 지어졌다.

⑳ A região ________ (atingir) por uma tempestade forte ontem à noite.

어젯밤 그 지역은 강한 폭풍우에 휩쓸렸다.

㉑ O português ________ (falar) por muitas pessoas.

포르투갈어는 많은 사람들이 사용한다.

㉒ Eu ________ (informar) pelo André dois dias atrás.

나는 이틀 전에 앙드레로부터 그 사실을 들었다.

㉓ Meu carro ________ (consertar) pelo Roberto.

내 차는 호베르뚜에 의해 수리될 것이다.

㉔ A conferência ________ (concluir) e os participantes estavam saindo.

컨퍼런스는 종료되어 참가자들이 나오고 있었다.

㉕ A reunião ________ (adiar) várias vezes, mas finalmente aconteceu hoje.

회의가 여러 차례 연기되었지만, 마침내 오늘 열렸다.

㉖ Se a questão ________ (resolver) ontem, estaríamos tranquilos.

어제 문제가 해결되었더라면, 우리는 편안했을 것이다.

㉗ Quando o pedido __________ (entregar), já estaremos viajando.

주문한 물건이 인도될 때면, 우리는 이미 여행 중일 것이다.

㉘ A vacina __________ (descobrir) após muitos anos de pesquisa científica.

그 백신은 수년 간의 과학적 연구 끝에 발견되었다.

㉙ Todos os problemas administrativos __________ (resolver) pela nova equipe.

모든 행정 문제는 새 팀에 의해 해결될 것이다.

㉚ Se o relatório não __________ (apresentar) ontem, o projeto seria adiado.

보고서가 어제 제출되지 않았다면, 그 프로젝트는 연기되었을 것이다.

03 어휘 마스터

01. **인사** Cumprimento
02. **국적** Nacionalidade
03. **가족** Família
04. **직업** Profissão
05. **성격** Caráter
06. **외모** Aparência
07. **감정** Sentimento, **상태** Estado
08. **하루일과** Rotinas diárias
09. **시간** Horas
10. **날씨** Tempo
11. **학교** Escola, **수업** Aula
12. **책** Livro, **학용품** Materiais escolares
13. **스포츠** Esportes
14. **취미** Passatempo
15. **TV**, **영화** Filme, **음악** Música
16. **전화** Telefone
17. **도로** Estrada, **시내** Centro
18. **대중교통** Transporte público
19. **인생** Vida
20. 반대말 Antônimo
21. **식당** Restaurante, **음식** Comida
22. **과일** Fruta, **음료** Bebida
23. **슈퍼마켓** Supermercado
24. **의류** Vestuário
25. **신발** Sapatos, **액세서리** Acessórios, **색깔** Cores
26. **쇼핑센터** Shopping
27. **집** Casa
28. **거실** Sala de estar, **침실** Quarto
29. **욕실** Banheiro, **주방** Cozinha
30. **집안 일** Tarefas domésticas
31. **은행** Banco, **우체국** Correio
32. **직장** Trabalho
33. **컴퓨터** Computador
34. **공항** Aeroporto
35. **호텔** Hotel
36. **관광** Turismo
37. **병원** Hospital, **신체** Corpo
38. **개인위생** Higiene pessoal
39. **사고** Acidente
40. **세계** Mundo

01 인사 Cumprimento

- Tchau, até mais. 안녕, 다음에 또 봐요.
- Muito obrigado. 대단히 감사합니다.
  – De nada. 뭘요.
- Desculpe. 미안합니다.
  – Não foi nada. 괜찮아요.

● 만났을 때

안녕하세요. (아침인사)	Bom dia.
안녕하세요. (점심인사)	Boa tarde.
안녕하세요. (저녁인사)	Boa noite.
안녕!	Oi!/Olá!
잘 지내요?	Tudo bom? / Tudo bem?
- 잘 지내요.	Tudo. / Tudo bom. / Tudo bem.
어떻게 지내요?	Como vai? / Como está?
어떻게 지내?	E aí?
그럭저럭 지내요.	Mais ou menos.
환영해요.	Bem-vindo/a.
반가워요.	Muito prazer.
저도 반가워요.	O prazer é meu. / Igualmente.

● 헤어질 때

안녕.	Tchau.
좋아 그럼.	Então tá.
좀 있다 봐요.	Até logo. / Até já.

내일 봐요.	Até amanhã.
다음에 또 봐요.	Até mais.
다음 번에 또 봐요.	Até a próxima.
거기서 (그때) 봐요.	Até lá.
좋은 주말 보내세요.	Bom fim de semana. / Bom final de semana.
좋은 밤 되세요.	Boa noite.
좋은 여행 되세요.	Boa viagem.
좋은 휴가 보내세요.	Boas férias.

● 감사

고맙습니다.	Obrigado.(남) / Obrigada.(여)
대단히 감사합니다.	Muito obrigado/a.
뭘요.	De nada. / Não há de quê.
별말씀을요.	Imagina.
여러 가지로 고맙습니다.	Obrigado/a por tudo.
초대해줘서 고맙습니다.	Obrigado/a pelo convite.
도와줘서 고맙습니다.	Obrigado/a pela ajuda.
고마워.	Valeu.
진심으로 감사합니다.	Agradeço de coração.
저야말로 감사드립니다.	Eu é que agradeço.

● 사과

미안합니다.	Desculpe. / Desculpa.
늦어서 죄송합니다.	Desculpe pela demora.
정말 죄송합니다.	Sinto muito.
괜찮아요.	Não foi nada. / Não faz mal.
	Não tem importância.

용서하세요.	Perdão.
제가 잘못했어요.	Foi minha culpa.
당신 괜찮아요?	Tudo bem com você?
실례합니다.	Com licença.
식사 맛있게 하세요!	Bom apetite!

02 국적 Nacionalidade

- De onde você é? 어디 출신이에요?
  - Eu sou **do Brasil.** 저는 브라질 출신이에요.
- Onde você mora? 어디에 살아요?
  - Eu moro **na Coreia.** 저는 한국에 살아요.
- Ele é **brasileiro** e ela é **portuguesa.**
  그는 브라질인이고 그녀는 포르투갈인입니다.

● 국가와 국적

한국	a Coreia	coreano / coreana
브라질	o Brasil	brasileiro / brasileira
포르투갈	Portugal	português / portuguesa
스페인	a Espanha	espanhol / espanhola
독일	a Alemanha	alemão / alemã
영국	a Inglaterra	inglês / inglesa
프랑스	a França	francês / francesa
이탈리아	a Itália	italiano / italiana

러시아	a Rússia	russo / russa
네덜란드	a Holanda	holandês / holandesa
스위스	a Suíça	suíço / suíça
미국	os Estados Unidos	americano / americana
캐나다	o Canadá	canadense
멕시코	o México	mexicano / mexicana
아르헨티나	a Argentina	argentino / argentina
중국	a China	chinês / chinesa
일본	o Japão	japonês / japonesa
베트남	o Vietnã	vietnamita

● **대륙**

대륙	o continente	북아메리카	a América do Norte
남아메리카	a América do Sul	유럽	a Europa
아시아	a Ásia	아프리카	a África
오스트레일리아	a Austrália		

03 가족 Família

- Quem é ela? 그녀는 누구예요?
  - Ela é **minha filha.** 제 딸이에요.
- Você tem **irmãos**? 형제가 있어요?
  - Sim, eu tenho **um irmão e uma irmã.** 네, 저는 남동생과 여동생이 있어요.
- Com quem você mora? 누구와 같이 살아요?
  - Eu moro com **meus pais.** 부모님과 함께 살아요.

아버지 pai	⇔	어머니 mãe
아빠 papai	⇔	엄마 mamãe
아들 filho	⇔	딸 filha
장남 primeiro filho	⇔	장녀 primeira filha
외동아들 filho único	⇔	외동딸 filha única
할아버지 avô	⇔	할머니 avó
친할아버지 avô paterno	⇔	친할머니 avó paterna
외할아버지 avô materno	⇔	외할머니 avó materna
형, 오빠, 남동생 irmão	⇔	누나, 언니, 여동생 irmã
형, 오빠 irmão mais velho	⇔	누나, 언니 irmã mais velha
남동생 irmão mais novo	⇔	여동생 irmã mais nova
고모부, 이모부, 삼촌 tio	⇔	고모, 이모, 숙모 tia
남자사촌 primo	⇔	여자사촌 prima
남자조카 sobrinho	⇔	여자조카 sobrinha
손자 neto	⇔	손녀 neta
남편 marido, esposo	⇔	아내 esposa, mulher
시아버지, 장인 sogro	⇔	시어머니, 장모 sogra
사위 genro	⇔	며느리 nora

남자 쌍둥이 gêmeo ⇔ 여자 쌍둥이 gêmea

처남, 매형, 매제, 형부, 제부 cunhado

⇔ 형수, 제수, 처형, 처제, 올케, 시누이 cunhada

일란성 쌍둥이 gêmeos idênticos, gêmeas idênticas

⇔ 이란성 쌍둥이 gêmeos fraternos, gêmeas fraternas

● 복수로 쓸 때 주의!

내 부모님 meus pais

내 조부모님 meus avós

내 형제들 meus irmãos

내 자매들 minhas irmãs

내 아들들, 내 자녀들 meus filhos

내 딸들 minhas filhas

● 결혼과 관련된 명칭 변화

미혼남 solteiro ⇔ 미혼녀 solteira

노총각 solteirão ⇔ 노처녀 solteirona

기혼남 casado ⇔ 기혼녀 casada

신혼부부 recém-casados

이혼남 divorciado ⇔ 이혼녀 divorciada

미혼부 pai solteiro ⇔ 미혼모 mãe solteira

계부 padrasto ⇔ 계모 madrasta

이복, 이부형제 meio-irmão ⇔ 이복, 이부자매 meia-irmã

04 직업 Profissão

• Qual é a sua profissão?	직업이 뭐예요?
– Eu sou **estudante**.	저는 학생이에요.
• O que é que você faz?	무슨 일 하세요?
– Eu sou **médico.**	저는 의사예요.
• Você é **juiz**?	당신은 판사예요?
– Não, eu sou **advogado.**	아니요, 저는 변호사예요.

● 남녀 동형

학생 estudante

상인, 상점주인 comerciante

기자 jornalista

치과의사 dentista

주유소 종업원 frentista

택시기사 taxista

접수 담당자 recepcionista

가사도우미 diarista

모델 modelo

리포터 repórter

통역사 intérprete

외교관 diplomata

회계사 contabilista

예술가 artista

운전사 motorista

판매원, 점원 balconista

그래픽 디자이너 desenhista gráfica

플로리스트 florista

환경미화원 gari

경찰관 policial

● 남성 -r, 여성 -ra

교수, 교사 professor(a)

화가 pintor(a)

가수 cantor(a)

검사 promotor(a), procurador(a)

작가 escritor(a)

번역가 tradutor(a)

아나운서 locutor(a)

건물 관리인 zelador(a)

농부 agricultor(a)

부동산 중개업자 corretor(a) de imóveis

어부 pescador(a)

축구선수 jogador(a) de futebol

컴퓨터 프로그래머 programador(a) de computador

● 남성 -o, 여성 -a

변호사 advogado/a

군인 soldado/a

건축가 arquiteto/a

파일럿 piloto/a

사진사 fotógrafo/a

정치인 político/a

뮤지션 músico/a

의사 médico/a

수의사 médico/a veterinário/a

간호사 enfermeiro/a

약사 farmacêutico/a

정비공 mecânico/a

공무원 funcionário/a público/a

비서 secretário/a

은행원 bancário/a

기업가 empresário/a

엔지니어 engenheiro/a

목수 carpinteiro/a

벽돌공 pedreiro/a

정원사 jardineiro/a

요리사 cozinheiro/a

정육점 주인 açougueiro/a

트럭기사 caminhoneiro/a

미용사 cabeleireiro/a

청소 도우미 faxineiro/a

제빵사 padeiro/a

소방관 bombeiro/a

선원 marinheiro/a

우체부 carteiro/a

댄서 dançarino/a

비행기 승무원 comissário/a de bordo, aeromoço/a

● 기타

판사 juiz / juíza

배우 ator / atriz

식당 종업원 garçom / garçonete

주부 dona de casa

베이비시터 babá

05 성격 Caráter

- Como é o seu filho? 당신 아들은 어떤 사람이에요?
  – Ele é simpático e inteligente. 그는 상냥하고 똑똑해요.
- Você é extrovertido? 당신은 외향적인 사람이에요?
  – Não, eu sou introvertido. 아니요, 저는 내성적인 사람이에요.
- Ela é tímida? 그녀는 소심한가요?
  – Não, ela é alegre e ativa. 아니요, 그녀는 명랑하고 적극적이에요.

좋은 legal ⇔ 나쁜 ruim

호감이 가는, 상냥한 simpático/a ⇔ 비호감의 antipático/a

겸손한 humilde ⇔ 거만한 arrogante

예의 바른 bem-educado/a ⇔ 예의 없는 mal-educado/a

품위 있는 decente ⇔ 저속한 indecente

낙천적인 otimista ⇔ 비관적인 pessimista

외향적인 extrovertido/a ⇔ 내성적인 introvertido/a

개방적인 aberto/a ⇔ 폐쇄적인 fechado/a

용감한 corajoso/a ⇔ 겁 많은 medroso/a

부지런한 diligente ⇔ 게으른 preguiçoso/a

신중한 prudente ⇔ 경솔한 imprudente

똑똑한 inteligente ⇔ 무식한 estúpido/a

정직한 honesto/a ⇔ 부정직한 desonesto/a

책임감 있는 responsável ⇔ 책임감 없는 irresponsável

믿을 수 있는 confiável ⇔ 믿을 수 없는 inconfiável

끈기 있는 paciente ⇔ 참을성 없는 impaciente

성실한 sincero/a

사교적인 amigável

친절한 gentil

재미있는 engraçado/a

적극적인 ativo/a

명랑한 alegre

관대한 generoso/a

순수한 inocente

눈치 빠른 esperto/a

차분한 calmo/a

이상한 estranho/a, esquisito/a

소심한 tímido/a

폭력적인 violento/a

짜증나는, 지루한 chato/a

인색한 avarento/a

바보스러운 tonto/a

수다스러운 tagarela

완고한 teimoso/a

이기적인 egoísta

질투심 많은 ciumento/a

험담하는 fofoqueiro/a

무례한 rude

요구사항이 많은 exigente

충동적인 impulsivo/a

과묵한 taciturno/a

냉담한 indiferente

06 외모 Aparência

- Como é a sua esposa? 당신 아내는 어떤 사람이에요?
  – Ela é muito **bonita**, **alta** e **magra**. 그녀는 아주 예쁘고, 키 크고 날씬해요.
- Minha amiga brasileira tem **cabelo loiro e curto**.
  내 브라질 여사친은 짧은 금발 머리를 가지고 있어요.
- Meu avô é **gordinho** e tem **barba**.
  제 할아버지는 통통하시고 수염이 있어요.

예쁜 bonito/a	⇔	못생긴 feio/a
키 큰 alto/a	⇔	키 작은 baixo/a
마른 magro/a	⇔	뚱뚱한 gordo/a
큰 grande	⇔	작은 pequeno/a
젊은 jovem	⇔	나이든 idoso/a, velho/a
유연한 flexível	⇔	뻣뻣한 rígido/a
살이 찌다 engordar	⇔	살이 빠지다 emagrecer

아름다운 lindo/a	포동포동한 gordinho/a
멋진 chique	우아한 elegante
매력적인 atraente	까무잡잡한 moreno/a
귀여운 gracioso/a	사랑스러운 carinhoso/a
배가 나온 barrigudo/a	머리가 큰 cabeçudo/a
털이 많은 peludo/a	머리 숱이 많은 cabeludo/a
웃는 표정의 sorridente	슬픈 표정의 tristonho/a

- **헤어스타일**

짧은 머리 o cabelo curto ⇔ 긴 머리 o cabelo comprido

생머리 o cabelo liso ⇔ 곱슬머리 o cabelo crespo

웨이브 있는 머리 o cabelo ondulado

검은 머리 o cabelo preto

흰 머리 o cabelo branco

금발 머리 o cabelo loiro

빨간 머리 o cabelo ruivo

갈색 머리 o cabelo castanho

대머리 a careca

앞머리 a franja

구레나룻 a costeleta

콧수염 o bigode

턱수염 a barba

머리를 자르다 cortar o cabelo

머리를 파마하다 fazer permanente

머리를 세팅하다 fazer penteado

머리를 염색하다 tingir o cabelo

둥근 redondo/a

긴 comprido/a

네모진 quadrado/a

타원형의 oval

삼각형의 triangular

07 감정 Sentimento, 상태 Estado

- Você já **está satisfeito?** 이미 배불러요?
  – Não, ainda **estou com fome**. 아니요, 아직 배고파요.

- Você **está doente**? 아프세요?
  – Sim, **estou com dor de cabeça**. 네, 두통이 있어요.

- **Estou preocupado** com a minha mãe porque ela **está com dor no joelho**.
  저는 어머니가 걱정돼요, 왜냐하면 어머니가 무릎이 아프세요.

● 감정, 상태 표현 (estar/ficar + 형용사)

난 배부르다 Estou satisfeito/a.

기분 좋은 legal

행복한 feliz

편안한 confortável

건강한 bem, saudável

침착한 tranquilo/a

외로운 solitário/a

마음 상한 magoado/a

사랑에 빠진 apaixonado/a

(공포에) 놀란 assustado/a

지루한 entediado/a

혼란스러운 confuso/a

짜증나는, 기분 나쁜 chateado/a

초조한 ansioso/a

후회되는 arrependido/a

난 피곤하다 Estou cansado/a.

슬픈 triste

만족스러운 contente

불편한 desconfortável

아픈 doente

긴장한 nervoso/a

안도한, 홀가분한 aliviado/a

역겨운 enjoado/a

자랑스러운 orgulhoso/a

(서프라이즈하게) 놀란 surpreso/a

낙심한 frustrado/a

화난 irritado/a

창피한, 당황한 envergonhado/a

절망한 desesperado/a

흥분한, 들뜬 entusiasmado/a

걱정되는 preocupado/a

실망스러운 decepcionado/a

● 감정 표현 동사

좋아하다 gostar

사랑하다 amar

감사하다 agradecer

축하하다 parabenizar

칭찬하다 elogiar

싫어하다 detestar, odiar

험담하다 fofocar

한탄하다 lamentar

아주 좋아하다 adorar

용서하다 perdoar

존경하다 respeitar

기대하다 esperar

감탄하다 admirar

의심하다 duvidar

비난하다 criticar

경멸하다 desprezar

● 현재 나의 상태 말하기 (estar com + 명사)

난 배고프다	Estou com fome.	난 목마르다	Estou com sede.
난 무섭다	Estou com medo.	난 화가 난다	Estou com raiva.
난 덥다	Estou com calor.	난 춥다	Estou com frio.
난 귀찮다	Estou com preguiça.	난 급하다	Estou com pressa.

난 집이 그립다 Estou com saudade de casa.

난 술이 당긴다 Estou com vontade de beber.

● 현재 나의 상태 말하기 (estar + 현재분사)

난 울고 있다	Estou chorando.
난 웃고 있다	Estou rindo.
난 배고파 죽겠다	Estou morrendo de fome.
난 졸려 죽겠다	Estou morrendo de sono.
난 웃겨 죽겠다	Estou morrendo de rir.

● 현재 내 몸의 통증 말하기

난 두통이 있다	Estou com dor de cabeça.
난 편두통이 있다	Estou com enxaqueca.
난 위통이 있다	Estou com dor de estômago.
난 치통이 있다	Estou com dor de dente.
난 인후통이 있다	Estou com dor de garganta.
난 귀가 아프다	Estou com dor de ouvido.
난 숙취가 있다	Estou com/de ressaca.
난 복통이 있다	Estou com dor de/na barriga.
난 무릎이 아프다	Estou com dor no joelho.
난 팔꿈치가 아프다	Estou com dor no cotovelo.
난 어깨가 아프다	Estou com dor no ombro.
난 목이 아프다	Estou com dor no pescoço.
난 뒷목이 아프다	Estou com dor na nuca.
난 허리가 아프다	Estou com dor na cintura.
난 등이 아프다	Estou com dor nas costas.
난 다리가 아프다	Estou com dor nas pernas.

● 주요 인사말

생일 축하해!	Parabéns pelo aniversário!
삼가 조의를 표합니다.	Meus pêsames, Meus sentimentos.
메리 크리스마스!	Feliz Natal!
행복한 새해 맞이하세요!	Feliz ano novo!

08 하루일과 Rotinas diárias

- Depois de **tomar café da manhã**, eu **escovo os dentes**.
  저는 아침식사를 한 후에 양치질을 해요.
- Eu vou **dormir** depois de **ouvir música** e **assistir TV**.
  음악 듣고, TV 좀 본 후에 잘 거예요.
- O que você vai fazer no fim de semana? 당신은 주말에 뭐 할 거예요?
  – Vou **limpar a casa** e **lavar as roupas**. 집 청소하고 빨래할 거예요.

● 아침에 일어나서 밤에 잘 때까지

잠에서 깨다 acordar

일어나다 levantar-se

세수하다 lavar o rosto

양치질하다 escovar os dentes

면도하다 fazer a barba

옷 입다 vestir-se

아침식사 하다 tomar café da manhã

차로 출근하다 ir de carro para o trabalho

버스와 지하철을 타다 pegar ônibus e metrô

9시부터 6시까지 일하다 trabalhar das nove às seis

도서관에서 공부하다 estudar na biblioteca

점심식사 하다 almoçar

낮잠을 자다 tirar uma soneca

커피 마시다 tomar café

퇴근하다 sair do trabalho

시장에 가다 ir ao mercado

귀가하다 voltar para casa

집에 도착하다 chegar em casa

옷을 갈아입다 trocar de roupa

저녁을 만들다 fazer o jantar

저녁식사 하다 jantar

집을 청소하다 limpar a casa

빨래하다 lavar as roupas

다림질하다 passar a ferro

애들과 놀아주다 brincar com os filhos

샤워하다 tomar banho

TV를 보다 assistir TV

신문을 읽다 ler jornal

운동하다 fazer exercícios

음악을 듣다 ouvir música

쉬다 descansar

눕다 deitar-se

자다 dormir

● 그밖의 일들

알람이 울리다 o despertador tocar

화장실에 가다 ir no banheiro

애들을 데려오다 pegar as crianças

숙제를 하다 fazer lição de casa

산책하다 passear

자전거 타다 andar de bicicleta

간식을 먹다 tomar um lanche

헬스클럽에 가다 ir à academia

몸단장하다 arrumar-se

집에 있다 ficar em casa

먹다 comer

술 마시다 beber

맥주 한잔 하다 tomar uma cerveja

졸다 cochilar

나이트클럽에 가다 sair para a balada

자녀를 학교에 데려다 주다 levar os filhos para a escola

09 시간 Horas

- Que horas são? (=Tem horas?) 몇 시예요?
  - São **duas e dez**. 2시 10분이에요.
- Que dia é hoje? 오늘 며칠이에요?
  - **Hoje** é **domingo**, **dia 29 de março**. 오늘은 일요일, 3월 29일이에요.
- A que horas vocês jantam? 저녁은 몇 시에 드세요?
  - Jantamos **às sete**. 저희는 7시에 먹어요.

시 a hora

분 o minuto

초 o segundo

아침 a manhã

정오 o meio-dia

오후 a tarde

저녁 a noite

자정 a meia-noite

새벽 a madrugada

일찍 cedo

늦게 tarde

- **시간 말하기**

1시 5분	(É) uma e cinco.
1시 5분전	(São) cinco para a uma.
2시 10분전	(São) dez para as duas.
3시 정각	(São) três em ponto.
낮 12시 반	(É) meio-dia e meia.
0시 40분	(É) meia-noite e quarenta.
오전 8시	(São) oito da manhã.
오후 4시 10분	(São) quatro e dez da tarde.
저녁 9시 20분	(São) nove e vinte da noite.
새벽 3시 반	(São) três e meia da madrugada.

● 요일

월요일 a segunda-feira
화요일 a terça-feira
수요일 a quarta-feira
목요일 a quinta-feira
금요일 a sexta-feira
토요일 o sábado
일요일 o domingo

● 월

1월 janeiro
2월 fevereiro
3월 março
4월 abril
5월 maio
6월 junho
7월 julho
8월 agosto
9월 setembro
10월 outubro
11월 novembro
12월 dezembro

● 계절

봄 a primavera
여름 o verão
가을 o outono
겨울 o inverno

● 달력

날짜 a data
년 o ano
계절 a estação
월 o mês
주 a semana
일 o dia
매일 todo dia, todos os dias
주말 o fim de semana
요일 o dia da semana
평일 os dias da semana
영업일 os dias úteis
공휴일 o feriado
휴가 as férias
우기 a época de chuva
건기 a época de seca

● 주요 공휴일과 기념일

새해 이브, 새해 맞이 축제 o Réveillon

새해 o Ano Novo

카니발 o Carnaval

부활절 a Páscoa

크리스마스 이브 a véspera de Natal

크리스마스 o Natal

어머니날 (5월 둘째 주 일요일) o Dia das Mães

아버지날 (8월 둘째 주 일요일) o Dia dos Pais

어린이날 (10월 12일) o Dia das Crianças

연인의 날 (6월 12일) o Dia dos Namorados

브라질 독립기념일 (9월7일) o Dia da Independência do Brasil

브라질 공화국선포일 (11월15일) o Dia da Proclamação da República

10 날씨 Tempo

- Como está o tempo hoje? 오늘 날씨 어때요?
  – **Está** muito **frio**. 아주 추워요.
- Agora está **chovendo** lá fora. 지금 밖에 비가 오고 있어요.
- **Está ensolarado** aqui, mas **nublado** na praia. 여기는 맑지만 해변은 흐려요.

봄에는 온화하다 Na primavera, está agradável.

여름에는 덥다 No verão, está quente.

가을에는 선선하다 No outono, está fresco.

겨울에는 춥다 No inverno, está frio.

● 날씨 표현 형용사

해가 비치는 ensolarado

구름 낀 nublado

안개 낀 enevoado

비 오는 chuvoso

눈 오는 nevado

바람 부는 ventoso

온화한, 쾌적한 agradável

더운 quente

선선한 fresco

추운 frio

습한 úmido

건조한 seco

푹푹 찌는 abafado

● 날씨 표현 동사와 현재분사

비 오다 chover

비 오는 chovendo

눈 오다 nevar

눈 오는 nevando

바람 불다 ventar

바람 부는 ventando

비가 많이 오고 있다 Está chovendo muito.

눈이 많이 오고 있다 Está nevando muito.

바람이 많이 불고 있다 Está ventando muito.

● 날씨 관련 명사

태양 o sol

더위 o calor

추위 o frio

구름 a nuvem

안개 a névoa, a neblina

비 a chuva

눈 a neve

바람 o vento

강우 o aguaceiro

우박 o granizo, a saraiva

서리 a geada

이슬 o orvalho

얼음 o gelo

천둥 o trovão

번개 o relâmpago

폭풍우 a tempestade, o temporal

눈보라 a tempestade de neve, a nevasca

모래바람 a tempestade de poeira

우박폭풍 a tempestade de granizo

태풍 o tufão

홍수 a enchente, a inundação

가뭄 a seca, a estiagem

무지개 o arco-íris

일기예보 a previsão do tempo

11 학교 Escola, 수업 Aula

- Eu faço faculdade de **Direito**. 저는 법과대학을 다닙니다.
- Sou estudante universitário de **Administração**.
  저는 경영학과 대학생이에요.
- Ele está fazendo um **mestrado** em **Linguística**.
  그는 언어학 석사 과정을 밟고 있다.

들어오세요. Entre.

들어보세요. Escute.

따라하세요. Repita.

여기 보세요. Olhe aqui.

책을 펴세요. Abra o livro.

책을 덮으세요. Feche o livro.

대답하세요. Responda.

질문하세요. Pergunte.

말해보세요. Fale.

손을 드세요. Levante a mão.

일어서세요. Levante-se.

앉으세요. Sente-se.

선생님과 얘기하세요. Fale com o/a professor(a).

질문을 듣고 답하세요. Ouça as perguntas e responda.

칠판에 쓰세요. Escreva na lousa.

칠판을 지우세요. Apague a lousa.

단어를 찾아보세요. Procure uma palavra.

단어의 철자를 쓰세요. Soletre a palavra.

단어를 베껴 쓰세요. Copie a palavra.

단어에 밑줄을 치세요. Sublinhe a palavra.

단어에 선을 그어 지우세요. Risque a palavra.

텍스트를 읽으세요. Leia o texto.

책을 같이 보세요. Compartilhe o livro.

동료를 도와주세요. Ajude seu/sua colega.

문장을 받아쓰세요. Dite uma frase.

그림을 그리세요. Faça um desenho.

목록에 대해 논의하세요. Discuta a lista.

서로 이야기하세요. Fale com os colegas.

페이퍼를 나눠주세요. Distribua as folhas.

페이퍼를 다시 걷으세요. Recolha as folhas.

빈칸을 채우세요. Preencha a lacuna.

답에 동그라미 치세요. Circule a resposta.

답안지에 표시하세요. Marque a folha de resposta.

어순을 맞추세요. Coloque as palavras em ordem.

맞는 항목끼리 매칭하세요. Faça a correspondência dos itens.

쓴 것을 확인하세요. Confira o que você escreveu.

틀린 것을 고치세요. Corrija o erro.

질문 있는데요. Tenho uma pergunta.

이해가 안됩니다. Não entendo.

어떻게 쓰나요? Como se escreve?

교실 a sala de aula

칠판 a lousa

분필 o giz

칠판지우개 o apagador

보드마커 o marcador para quadro branco

교복 o uniforme

학교 책상 a carteira escolar
의자 a cadeira
사물함 o armário
책장 a estante de livros
컴퓨터 o computador
화면 a tela
OHP o retroprojetor
게시판 o quadro de avisos
지도 o mapa
지구본 o globo terrestre
강당 o auditório
체육관 o ginásio
기숙사 o dormitório
운동장 o pátio da escola

● **학교 · 교육과정**

탁아소 a creche

유치원 o jardim de infância, a pré-escola

초등교육 o ensino fundamental
중등교육 o ensino médio
대학교육 o ensino superior
공립학교 a escola pública
사립학교 a escola privada/particular
연방대학교 a universidade federal
주립대학교 a universidade estadual
시립대학교 a universidade municipal

사립대학교 a universidade privada/particular

대입 시험 o vestibular
학부 a graduação
대학원 a pós-graduação
석사과정 o mestrado
박사과정 o doutorado
박사후 과정 o pós-doutorado

수험생 o/a vestibulando/a
대학생 o/a estudante universitário/a
신입생 o/a calouro/a
선배 o/a veterano/a
교환학생 o/a intercambista
학부생 o/a graduando
학사 o/a bacharel(a)
대학원생 o/a pós-graduando/a
석사과정생 o/a mestrando/a
석사 o/a mestre
박사과정생 o/a doutorando/a
박사 o/a doutor(a)

● 학문 · 과목명

법학 o Direito

경영학 a Administração de empresas

정치학 a Ciência política

심리학 a Psicologia

문학 a Literatura

지리학 a Geografia

윤리학 a Ética

간호학 a Enfermagem

컴퓨터학 a Ciência da Computação

물리학 a Física

생물학 a Biologia

인류학 a Antropologia

역사 a História

인문학 As Ciências humanas

작문 a Redação

음악 a Música

체육 a Educação física

경제학 a Economia

행정학 a Administração pública

사회학 a Sociologia

언어학 a Linguística

교육학 a Pedagogia

철학 a Filosofia

의학 a Medicina

공학 a Engenharia

건축학 a Arquitetura

화학 a Química

농학 a Agronomia

수학 a Matemática

과학 as Ciências

사회과학 As Ciências sociais

영어 o Inglês

미술 a Arte

12 책 Livro, 학용품 Materiais escolares

- Onde está **o caderno**? 공책은 어디 있어요?
  – Está **na mochila**. 백팩에 있어요.
- Preciso de **tesoura** e **cola** para a aula.
  나는 수업시간에 가위와 풀이 필요해요.
- Hoje eu não trouxe nem **a lapiseira** nem **a borracha**.
  오늘 샤프도 지우개도 안 가져왔어요.

책 o livro
공책 o caderno
커버 a capa
그림 a pintura
제목 o título
목차 o índice
페이지 a página
장(chapter) o capítulo
종이 a folha
정기간행물 o periódico
신문 o jornal
잡지 a revista
사전 o dicionário
백과사전 a enciclopédia
위인전 a biografia
자서전 a autobiografia
가이드북 o guia
지도 책 o atlas
소설 a novela
에세이 o ensaio
고서 o livro velho
중고도서 o livro usado
만화책 o gibi, a história em quadrinho
역사책 o livro de história
교재 o livro didático
저자 o/a autor(a)
서점 a livraria
도서관 a biblioteca

책가방 a mochila escolar
백팩 a mochila
필통 o estojo
사인펜 a caneta de feltro
연필 o lápis
연필 꽂이 o porta-canetas

연필깎이 o apontador de lápis

볼펜 a caneta

샤프 a lapiseira

수성펜 a caneta hidrográfica

수정액 o corretivo líquido

긴 자 a régua

가위 a tesoura

풀 a cola

커터 칼 o estilete

압정 a tacha

포스트잇 o post-it, o papel-lembrete adesivo

색연필 o lápis de cor

만년필 a caneta-tinteiro

샤프심 o grafite de lapiseira

붓 a escova

지우개 a borracha

삼각자 o esquadro triangular

스카치테이프 a fita adesiva

수첩 a agenda

파일 o arquivo

스테이플러 o grampeador

클립 o clipe

13 **스포츠** Esportes

- Qual é o seu esporte favorito? 당신이 가장 좋아하는 스포츠가 뭐예요?
  - Meu esporte favorito é futebol. 제가 가장 좋아하는 스포츠는 축구예요.
- Você sabe jogar golfe? 골프 칠 줄 알아요?
  - Não sei, mas sei jogar tênis. 모르는데요, 테니스는 칠 줄 알아요.
- Você assistiu ao jogo ontem? 어제 경기 봤어요?
  - Assisti. O meu time ganhou. 네. 우리 팀이 이겼어요.

축구 o futebol

농구 o basquete

핸드볼 o handebol

테니스 o tênis

야구 o beisebol

배구 o vôlei

골프 o golfe

볼링 o boliche

탁구 o pingue-pongue, o tênis de mesa

당구/포켓볼 o bilhar/a sinuca

수구 o polo aquático

서핑 o surfe

펜싱 a esgrima

육상 o atletismo

레슬링 a luta greco-romana

경마 o turfe

인라인스케이팅 a patinação inline

피겨스케이팅 a patinação artística

수상스키 o esqui aquático

스노클링 o mergulho com snorkel

아이스하키 o hóquei sobre gelo

수영 a natação

양궁 o arco e flecha

체조 a ginástica olímpica

복싱 o boxe

사이클링 o ciclismo

무술 as artes marciais

아이스스케이팅 a patinação no gelo

활강 스키 o esqui de descida

요트 o iatismo

스쿠버다이빙 o mergulho scuba

● 스포츠 기본 용어

경기 o jogo, a partida

심판 o juiz/a juíza, o/a árbitro/a

선수 o/a jogador(a)

응원단 a torcida

체육관 o ginásio

이기다 ganhar, vencer

지다 perder, ser derrotado

비기다 empatar

결승전 a final

3위 결정전 a disputa do terceiro lugar

16강 as oitavas-de-final

올림픽 os jogos olímpicos, as olimpíadas

월드컵 a copa do mundo

팀 o time, a equipe

감독 o/a técnico/a

응원자 o/a torcedor(a)

경기장 o estádio

점수 o placar

승리 a vitória

패배 a derrota

무승부 o empate

준결승전(4강) a semifinal

8강 as quartas-de-final

챔피언 o campeão/a campeã

금메달 a medalha de ouro

은메달 a medalha de prata
동메달 a medalha de bronze

● 스포츠에 사용되는 동사

뛰다 correr
걷다 andar
조깅하다 fazer cooper
차다 chutar, bater
드리블하다 driblar
태클하다 agarrar
패스하다 passar
점프하다 pular
받다 pegar
치다 bater
던지다 jogar
던지다 lançar, atirar
슛 던지다 arremessar
공을 튕기다 bater bola
서브하다 sacar
스윙하다 girar
운동하다 exercitar, fazer exercícios
스트레칭하다 alongar
수영하다 nadar
다이빙하다 mergulhar
스케이트타다 patinar
스키타다 esquiar
자전거타다 andar de bicicleta
경주하다 competir em uma corrida
출발하다 começar
도착하다 terminar, chegar

● 축구

축구하다 jogar futebol
축구장 o campo de futebol
축구공 a bola de futebol
축구화 a chuteira
공격수 o/a atacante
스트라이커 o/a centroavante
골게터 o/a goleador(a), o/a artilheiro/a
에이스 o/a craque
공격형 미드필더 o/a meio-campista
수비형 미드필더 o/a volante
수비수 o/a zagueiro/a
골키퍼 o/a goleiro/a
왼쪽 날개 a ponta esquerda
오른쪽 날개 a ponta direita
왼쪽 윙백 a ala esquerda, o lateral esquerdo

오른쪽 윙백 a ala direita, o lateral direito

주장 o capitão/a capitã

골 o gol

킥오프 o pontapé incial

공격 o ataque

수비 a defesa

역습 o contra-ataque

패스 o passe

헤더 a cabeçada, o toque de cabeça

스루패스 o lançamento

크로스 o cruzamento

드로우인 o arremesso lateral

슛 o chute

프리킥 a cobrança de falta

코너킥 a cobrança de escanteio

페널티킥 a cobrança de pênalti

골킥 o tiro de meta

오프사이드 o impedimento

골대 a trave

크로스바 o travessão

주챔피언십 o campeonato estadual

브라질컵 a copa do Brasil

브라질 챔피언십 o campeonato brasileiro

1부 리그 a primeira divisão

2부 리그 a segunda divisão

홈팀 o time da casa

원정팀 o time visitante

홈경기 o jogo em casa

원정경기 o jogo fora de casa

전반전 o primeiro tempo

후반전 o segundo tempo

옐로우카드 o cartão amarelo

레드카드 o cartão vermelho

토너먼트 o torneio

월드컵 예선 as eliminatórias da Copa do Mundo

브라질 축구협회 CBF(Confederação Brasileira de Futebol)

- 야구

야구하다 jogar beisebol

야구장 o campo de beisebol

야구공 a bola de beisebol

야구배트 o taco de beisebol

헬멧 o capacete

글러브 a luva

투수 o/a arremessador(a)

포수 o/a receptor(a)

내야수 o/a defensor(a) interno/a

외야수 o/a defensor(a) externo/a

타자 o/a rebatedor(a)

주자 o/a corredor(a)

안타 a rebatida

● 농구

농구하다 jogar basquete

농구코트 a quadra de basquete

농구공 a bola de basquete

농구화 o tênis de basquete

농구 골대 a cesta

자유투 o lance livre

슛 o arremesso

3점슛 o arremesso de três pontos

● 배구

배구하다 jogar vôlei

배구코트 a quadra de vôlei

배구공 a bola de vôlei

서브 o saque

리시브 a recepção

리베로 o líbero

토스 o levantamento

세터 o/a levantador(a)

스파이크 o ataque

블로킹 o bloqueio

네트 a rede

네트터치 o toque na rede

● 핸드볼

핸드볼 하다 jogar handebol

핸드볼코트 a quadra de handebol

핸드볼공 a bola de handebol

● 골프

골프치다 jogar golfe

골프장 o campo de golfe

골프공 a bola de golfe

골프채 o taco de golfe

● 테니스

테니스치다 jogar tênis

테니스코트 a quadra de tênis

테니스공 a bola de tênis
테니스라켓 a raquete de tênis

● 탁구

탁구치다 jogar pingue-pongue
탁구대 a mesa de pingue-pongue
탁구공 a bola de pingue-pongue
탁구라켓 a raquete de pingue-pongue

● 당구

당구치다 jogar bilhar/sinuca
당구장 o salão de bilhar/sinuca
당구공 a bola de bilhar
포켓볼공 a bola de sinuca
당구채 o taco de bilhar/sinuca
당구대 a mesa de bilhar/sinuca

● 볼링

볼링치다 jogar boliche
볼링장 a pista de boliche
볼링공 a bola de boliche
볼링핀 o pino de boliche

● 수영

수영장 a piscina
레인 a raia de piscina
수영모자 a touca de natação
수경 a máscara de natação
자유형 o nado livre
평형 o nado peito
배영 o nado de costas
접영 o nado borboleta

● 헬스

헬스클럽 a academia
스트레칭 o alongamento
준비운동 o aquecimento
줄넘기 pular corda
윗몸 일으키기 o exercício abdominal
팔굽혀펴기 a flexão de braço
체조 a ginástica
에어로빅 a aeróbica

러닝머신 a esteira

요가 a ioga

웨이트(역기) os pesos

웨이트트레이닝 a musculação

웨이트 기구 o aparelho de musculação

14 취미 Passatempo

• Qual é o seu passatempo? 당신의 취미는 뭐예요?
 – Meu passatempo é **ler livros**. 제 취미는 독서예요.

• Você vai **fazer um acampamento** neste domingo?
 이번 일요일에 캠핑 갈 거예요?
 – Não, eu vou **subir a montanha**. 아니요, 등산 갈 거예요.

• Você gosta de **ir ao parque de diversões**? 놀이공원 가는 거 좋아해요?
 – Não, eu prefiro **ir ao cinema**. 아니요, 저는 영화관에 가는 걸 더 좋아해요.

영화관에 가다 ir ao cinema

영화보다 ver filmes

극장에 가다 ir ao teatro

음악 듣다 ouvir música

독서하다 ler livros

TV보다 assistir TV

요리하다 cozinhar

종이접기를 하다 fazer origami

낚시하다 pescar

사냥하다 caçar

그림 그리다 pintar

사진 찍다 tirar fotos

물건을 수집하다 colecionar objetos

항해하다 navegar

등산하다 subir a montanha

도자기를 만들다 fazer cerâmica

뜨개질하다 tricotar

연 날리다 soltar pipa

화초를 가꾸다 cultivar um jardim

카드 놀이하다 jogar baralho, jogar cartas

체스 하다 jogar xadrez

바이올린을 켜다 tocar violino

목공일을 하다 fazer carpintaria
컴퓨터 게임을 하다 jogar no computador
공예를 하다 fazer artesanato
흉내놀이를 하다 fazer de conta
휴대폰게임 o jogo de celular
보드게임 o jogo de tabuleiro
주사위 o dado
자수 o bordado
동전수집 a coleção de moedas
우표수집 a coleção de selos

● 놀이공원

놀이공원에 가다 ir ao parque de diversões
놀이기구 os brinquedos
바이킹 o barco Viking
롤러코스터 a montanha russa
범퍼카 o carrinho de bate-bate
회전목마 o carrossel
대관람차 a roda gigante
케이블카 o teleférico
테마파크 o parque temático
동물원 o jardim zoológico
식물원 o jardim botânico
미술관 o museu de arte
미끄럼틀 o escorregador
그네 o balanço
시소 a gangorra
음수대 o bebedouro
피크닉하다 fazer um piquenique

● 캠핑

캠핑하다 fazer um acampamento
배낭 여행 o mochilão
텐트 a barraca
침낭 o saco de dormir
캠프파이어 a fogueira
다용도 칼 o canivete multiuso/suíço
하이킹 a caminhada
랜턴 a lanterna
캠핑 스토브 o fogareiro
낚싯대 a vara de pescar

● 트럼프

스페이드 as espadas
다이아몬드 os ouros
하트 as copas
클로버 os paus

잭(J) o valete

퀸(Q) a dama

킹(K) o rei

에이스(A) o ás

조커 o curinga

같은 모양의 카드 o naipe

15 TV, 영화 Filme, 음악 Música

- Você gosta de **assistir à novela**? 드라마 보는 거 좋아해요?
  - Não, eu gosto de **assistir ao programa de entrevista.** 아니요, 저는 토크쇼 보는 거 좋아해요.
- Que tipo de **filme você gosta**? 어떤 타입의 영화 좋아하세요?
  - Eu gosto de **filmes de comédia.** 저는 코미디 영화 좋아해요.
- Você sabe **tocar violão**? 기타 칠 줄 아세요?
  - Não, mas eu sei **tocar piano.** 아니요, 하지만 피아노 칠 줄 알아요.

● TV

방송국 a emissora de TV

생방송 a transmissão ao vivo

채널 o canal

TV광고 a propaganda, o comercial de TV

케이블TV a TV a cabo

첫 방송 a estreia

아나운서 o/a locutor(a)

리포터 o/a repórter

진행자 o/a apresentador(a)

프로듀서 o/a produtor(a)

작가 o/a autor(a)

스포츠 해설자 o/a comentarista esportivo/a

TV를 보다 assistir TV

시청자 o/a telespectador(a)

● TV 프로그램 종류

뉴스 a notícia
미니시리즈 a minissérie
드라마 a novela, a telenovela
8시 드라마 a novela das oito
시트콤 o programa de humor
스포츠 프로그램 o programa de esporte
만화 o desenho animado
토크쇼 o programa de entrevista
자연 프로그램 o programa sobre a natureza
퀴즈쇼 o programa de competição
홈쇼핑 프로그램 o programa de compras pela TV
어린이 프로그램 o programa infantil

● 영화

영화 감독 o/a diretor(a)
영화 각본 o roteiro
영화관 o cinema
매표소 a bilheteria
입장권 o ingresso
관객 o/a espectador(a)
스크린 a tela
좌석 o assento
역할 o papel
주인공 o/a protagonista
첫 회 a primeira sessão
마지막회 a última sessão
더빙 영화 o filme dublado
더빙 a dublagem
자막 영화 o filme legendado
자막 a legenda
단편 영화 a curta-metragem
장편 영화 a longa-metragem
다큐멘터리 o documentário
상영 중이다 ficar em cartaz
영화관에 가다 ir ao cinema
영화를 보다 ver/assistir filmes

● 영화 종류

코미디 영화 o filme de comédia
로맨스 영화 o filme de romance
드라마 영화 o filme de drama
액션 영화 o filme de ação
모험 영화 o filme de aventura
공포 영화 o filme de terror

전쟁 영화 o filme de guerra

추리 영화 o filme de mistério

판타지 영화 o filme de fantasia

스릴러 영화 o filme de suspense

재난 영화 o filme de catástrofe

서부 영화 o filme de faroeste

에로 영화 o filme erótico

뮤지컬 영화 o filme musical

어린이 영화 o filme infantil

로맨틱코미디 영화 o filme de comédia romântica

공상과학 영화 o filme de ficção científica

만화 영화 o filme de animação/desenho animado

● 음악

노래를 부르다 cantar uma canção

악기를 연주하다 tocar um instrumento

클래식음악 a música clássica

대중음악 a música popular

오페라 a ópera

뮤지컬 o teatro musical

오케스트라 a orquestra

록 밴드 a banda de rock

지휘자 o maestro/a maestrina

뮤지션 o/a músico/a

보컬리스트 o/a vocalista

가수 o/a cantor(a)

악보 a partitura

파두 o fado

삼바 o samba

보사노바 a bossa nova

브라질대중음악 a MPB

케이팝 o K-pop

● 악기의 종류

건반악기 o instrumento de teclas

현악기 o instrumento de cordas

타악기 o instrumento de percussão

관악기 o instrumento de sopro

피아노 o piano

전자 키보드 o teclado elétrico

아코디언 o acordeão

오르간 o órgão

실로폰 o xilofone

기타 o violão

전자기타 a guitarra elétrica

비올라 a viola

바이올린 o violino
첼로 o violoncelo
콘트라베이스 o contrabaixo
베이스기타 o baixo elétrico
드럼 a bateria
북 o tambor
탬버린 o pandeiro
트라이앵글 o triângulo
클라리넷 o clarinete
하모니카 a harmônica, a gaita de boca
플루트 a flauta
색소폰 o saxofone
오보에 o oboé
바순 o fagote
호른 a trompa
튜바 a tuba
트롬본 o trombone
트럼펫 o trompete
베링바우(카포에이라에 사용되는 브라질 현악기) o berimbau

16 전화 Telefone

- Você pode me dar seu **número de celular**? 핸드폰 번호 좀 알려줄 수 있어요?
  – Claro. Meu número é 010-1234-5678.
  물론이죠. 제 번호는 010-1234-5678이에요.
- **Quem está falando**? 여보세요? 누구시죠?
  – **Aqui é** a Maria. 저는 마리아예요.
- Você pode falar **mais uma vez**? 한 번 더 말해 줄 수 있어요?

전화를 걸다 ligar o telefone
전화벨이 울리다 tocar o telefone
전화를 받다 atender o telefone
전화를 끊다 desligar o telefone

시내전화 a chamada local
시외전화 a chamada interurbana
국제전화 a chamada internacional
긴급전화 a chamada urgente

국가 코드번호 o código do país

주 코드번호 o código do estado

도시 코드번호 o código da cidade

지역번호 o código regional

자동응답기 a secretária eletrônica

전화교환원 o/a telefonista

전화번호부 a lista telefônica

전화카드 o cartão telefônico

전화번호 o número de telefone

공중전화 o telefone público, o orelhão

휴대폰 o celular

휴대폰번호 o número de celular

버튼 o botão

수화기 o receptor

선 o fio

메시지 a mensagem

● 전화 관련 표현

여보세요? Alô?

누구시죠? Quem fala?/Quem está falando?/ Com quem eu falo?

나 엘레나야. Aqui é a Helena. / Aqui fala a Helena.

호베르투 박사님과 통화할 수 있을까요? Poderia falar com o Dr. Roberto?

지아나와 통화하고 싶습니다. Gostaria de falar com a Diana.

바로 접니다. É ele mesmo. (É ela mesma.) / Sou eu.

거기 앙드레 있어요? O André está aí?

안타깝지만 그는 지금 전화 받을 수 없어요. Infelizmente ele não pode atender agora.

그는 지금 없어요. Ele não está no momento.

그는 막 점심 먹으러 나갔는데요. Ele acabou de sair para almoçar.

메모를 남기겠습니까? Quer deixar recado? / Quer deixar mensagem?

그가 내게 전화하라고 해주세요. Pede para ele me ligar.

여기 호나우두란 사람 없는데요. Aqui não tem nenhum Ronaldo.

나중에 다시 걸게요. Ligo mais tarde. / Telefono mais tarde.

한번 더 말해 줄래? Você pode falar mais uma vez?

더 크게 말해 줄래? Você pode falar mais alto?

있다가 전화해 줄래? Você pode ligar mais tarde?

통화 중이예요. A linha está ocupada.

아무도 받지 않네요. Ninguém atende.

죄송해요. 잘못 걸었어요. Desculpe. Foi engano.

전화가 끊겼어요. A ligação caiu.

잠깐만요. Só um pouquinho. / Só um minuto. / Só um minutinho. / Só um momento. / Só um momentinho. /Só um instante.

17 도로 Estrada, 시내 Centro

- Onde fica **o banco**? 은행 어디 있어요?
  - Fica na frente da **prefeitura**. 시청 앞에 있어요.
- Como chego ao **hospital**? 병원에 가려면 어떻게 가요?
  - **Segue em frente**, e depois **vira à direita** no segundo **sinal**.
    직진한 다음에 두 번째 신호등에서 우회전 해요.
- Onde você está agora? 지금 어디세요?
  - Estou **na faixa de pedestre** em frente **à biblioteca**.
    저는 도서관 앞 횡단보도에 있어요.

대로 a avenida

거리, 로 a rua, a alameda

차도 a pista

인도 a calçada

신호등 o sinal, o semáforo

횡단보도 a faixa de pedestre

가로등 o poste de luz, o poste de iluminação pública

사거리 o cruzamento

톨게이트 o pedágio

고속도로 a autoestrada, a rodovia

지하도 a passagem subterrânea

우회도로 o desvio

고가도로 o viaduto

갓길 o acostamento

육교 a passarela

1차선 a faixa um

2차선 a faixa dois

중앙선 a linha amarela

버스전용차선 a faixa exclusiva de ônibus

코너 a esquina

블록 a quadra, o quarteirão

소화전 o hidrante

표지판 a placa

교통사고 o acidente de trânsito

교통경찰 o/a policial de trânsito

보행자 o/a pedestre

비포장도로 a estrada sem pavimentação

교통체증 o congestionamento, o engarrafamento

● 시내

시청 a prefeitura

은행 o banco

학교 e escola

쇼핑센터 o shopping

궁 o palácio

도서관 a biblioteca

박물관 o museu

미술관 o museu de arte

병원 o hospital

약국 a drogaria, a farmácia

슈퍼마켓 o supermercado

주차장 o estacionamento

아파트 o apartamento

레스토랑 o restaurante

카페 o café, a cafeteria

제과점 a padaria

호텔 o hotel

모텔 o motel

공원 o parque

광장 a praça

다리 a ponte

가판대 a banca

극장 o teatro

영화관 o cinema

사무실 건물 o prédio de escritórios

고층빌딩 o arranha-céu

우체국 o correio

우체통 a caixa de correio

경찰서 a delegacia de polícia

파출소 o posto policial

주유소 o posto de gasolina

소방서 o posto de corpo de bombeiros

보건소 o posto de saúde

안내소 o posto de informação

미용실 o salão de beleza
세탁소, 빨래방 a lavanderia
고속버스터미널 a estação rodoviária
지하철역 a estação de metrô
택시승강장 o ponto de táxi
버스정류장 o ponto de ônibus, a parada de ônibus

- **교통 표지판**

일방통행 Mão única
역방향(통행금지) Contramão
U턴 Retorno
제한속도 Velocidade máxima permitida
멈춤 Pare
출구 없음 Rua sem saída
횡단보도 Passagem de pedestres
철도 건널목 Cruzamento ferroviário
주차금지 Proibido estacionar
학교 횡단보도 Área escolar

- **방향**

직진하다 seguir em frente
좌회전하다 virar à esquerda, dobrar à esquerda
우회전하다 virar à direita, dobrar à direita
도로로 진입하다 entrar na estrada
도로에서 빠져나오다 sair da estrada
계단을 올라가다 subir a escada
계단을 내려가다 descer a escada
건너편으로 para o outro lado
터널을 통하여 através do túnel
안으로 para dentro
밖으로 para fora
다리 위 sobre a ponte
다리 아래 sob a ponte

18 대중교통 Transport público

- Eu peguei **ônibus** para ir ao trabalho. 나는 출근하기 위해 버스를 탔다.
- Você vai **de metrô**? 지하철 타고 가요?
  – Não, vou **no meu carro**. 아니요, 제 차로 가요.
- Quanto tempo leva até o aeroporto? 공항까지 얼마나 걸려요?
  – Leva mais ou menos uma hora **de táxi**. 택시로 대략 1시간 걸려요.

자동차 o carro, o automóvel

택시 o táxi

버스 o ônibus

지하철 o metrô

기차 o trem

고속열차 o trem-bala

비행기 o avião

배 o navio

자전거 a bicicleta

오토바이 a moto

트럭 o caminhão

헬리콥터 o helicóptero

자동차로 de carro

버스로 de ônibus

비행기로 de avião

자전거로 de bicicleta

내 차로 no meu carro

마리아의 차로 no carro da Maria

회사 버스로 no ônibus da empresa

LATAM사 비행기로 no avião da LATAM

내 자전거로 na minha bicicleta

내 오토바이로 na minha moto

● 버스

버스정류장 o ponto de ônibus, a parada de ônibus

종점 o ponto final

노선 a rota

시간표 o horário

요금 a tarifa

요금 징수원 o/a cobrador(a)

교통카드 o cartão de transporte

버스 토큰 a ficha de ônibus
버스에 오르다 subir no ônibus
버스에서 내리다 descer do ônibus

● 지하철

지하철역 a estação de metrô
환승 a baldeação, a transferência
탑승, 타는 곳 o embarque
하차, 내리는 곳 o desembarque
매표소 a bilheteria
편도표 o bilhete unitário
왕복표 o bilhete de ida e volta
플랫폼 a plataforma
스크린도어 as portas da plataforma
입구 a entrada
1번 출구 a saída um
2번 출구 a saída dois

● 택시

택시승강장 o ponto de táxi
택시 부르다 chamar um táxi
택시미터기 o taxímetro
택시 면허 a licença de táxi
요금 a tarifa
기본요금 a tarifa mínima
할증표시 a bandeira
거스름돈 o troco
비어 있는 livre
타고 있는 ocupado

● 자동차

핸들 o volante
경적 a buzina
기어 o câmbio
브레이크 o freio
가속페달 o acelerador
클러치 a embreagem
와이퍼 o limpador
앞 유리 o para-brisa
문 a porta
문손잡이 o puxador
트렁크 o porta-malas
연료통 o tanque de combustível
타이어 o pneu
범퍼 o para-choque
전조등 o farol dianteiro
후미등 a lanterna traseira

브레이크등 a luz de freio

방향지시등 a seta

백미러 o espelho retrovisor

사이드 미러 o espelho retrovisor externo

핸드브레이크 o freio de mão

보닛 o capô

계기판 o painel

에어백 o airbag

앞좌석 o banco dianteiro

뒷좌석 o banco traseiro

번호판 a placa

안전벨트 o cinto de segurança

배터리 a bateria

냉각수 o líquido de arrefecimento

휘발유 a gasolina

경유 o diesel

알코올 o álcool

워셔액 o líquido do limpador de para-brisa

이중연료차량 o veículo flex, o veículo de combustível duplo

● 기차

기차역 a estação ferroviária

철로 os trilhos

객실 o vagão

승차권 a passagem

e-티켓 a passagem eletrônica

좌석 o assento

선반 o bagageiro

식당칸 o vagão-restaurante

화장실 o sanitário, o banheiro

승객 o/a passageiro/a

대합실 a sala de espera

기차를 놓치다 perder o trem

19 인생 Vida

- Você tem **namorado**? 애인 있어요?
  – Tenho. Eu **namoro** há dois anos. 네. 2년째 연애하고 있어요.
- Quando eles vão **se casar**? 그들은 언제 결혼해요?
  – **O casamento** será em agosto. 결혼식은 8월에 있을 거예요.
- Ela **está grávida**? 그녀는 임신했나요?
  – Sim, **o bebê** vai **nascer** daqui a um mês. 아기는 한 달 후에 태어날 예정이에요.

아기 o/a bebê, o/a nenê, o/a neném
어린이 a criança
소년 o menino
소녀 a menina
청소년 o/a adolescente
청년 o moço, o rapaz
아가씨 a moça
성인 o/a adulto/a
중년 a pessoa de meia-idade
노인 o/a idoso/a

태어나다 nascer
성장하다 crescer
학교에 들어가다 entrar na escola
대학교에 들어가다 entrar na universidade
졸업하다 formar-se
운전을 배우다 aprender a dirigir
군복무 하다 fazer o serviço militar
직장을 구하다 arrumar um emprego
사랑에 빠지다 apaixonar-se
아파트를 임대하다 alugar um apartamento
연애하다 namorar
결혼하다 casar-se
임신하다 estar grávida
출산하다 parir
양육하다 criar filhos
여행하다 viajar
집을 사다 comprar uma casa
이사하다 mudar de casa
손자를 보다 ter um neto
죽다 morrer

탄생 o nascimento

생일 o aniversário

생년월일 a data de nascimento

신생아 o/a recém-nascido/a

유년기 a infância

성장 o crescimento

젊은이들 os jovens

청년기 a juventude

애인 o/a namorado/a

결혼 o casamento

신랑 o noivo

신부 a noiva

신혼 o/a recém-casado/a

신혼여행 a lua de mel

임신 a gravidez

출산 o parto

양육 a criação

배우자 o cônjuge

노년기 a velhice

죽음 a morte

장례식 o funeral

조문 o velório

화장 a cremação

무덤 o túmulo

20 반대말 Antônimo

- Você é **casado** ou **solteiro**? 결혼했나요, 안 했나요?
- Este livro é **caro** ou **barato**? 이 책이 비싼가요, 싼가요?
- Vira à **esquerda** ou à **direita**? 좌회전 할까요, 우회전 할까요?

큰 grande

작은 pequeno/a

키 큰, 높은 alto/a

키 작은, 낮은 baixo/a

예쁜, 잘생긴 bonito/a

추한, 못생긴 feio/a

뚱뚱한 gordo/a
마른, 야윈 magro/a
부지런한 diligente
게으른 preguiçoso/a
부유한 rico/a
가난한 pobre
거만한 arrogante
겸손한 humilde
활발한 ativo/a
활발하지 않은 inativo/a
침착한 calmo/a
산만한 agitado/a
기혼의 casado/a
미혼의 solteiro/a
행복한 feliz
불행한 infeliz
기쁜 alegre
슬픈 triste
호감인 simpático/a
비호감인 antipático/a
화려한 brilhante
단순한 simples
많은 muito/a
적은 pouco/a
짧은 curto/a
긴 comprido/a, longo/a
늙은, 낡은 velho/a
젊은 jovem, 새것의 novo/a
빠른 rápido/a
느린 lento/a
비싼 caro/a
싼 barato/a
무거운 pesado/a
가벼운 leve
두꺼운 grosso/a
얇은 fino/a
깨끗한 limpo/a
더러운 sujo/a
단단한 duro/a
무른 mole
타이트한 apertado/a
느슨한 folgado/a
뾰족한, 예리한 agudo/a, afiado/a
무딘, 둔한 rombo/a
가득 찬 cheio/a
텅 빈 vazio/a
쉬운 fácil
어려운 difícil
강한, 진한 forte
약한 fraco/a, 부드러운 suave
마른, 건조한 seco/a
젖은 molhado/a, 습한 úmido/a
좋은 bom/boa
나쁜 mau/má, ruim

밝은 claro/a
어두운 escuro/a
넓은 largo/a
좁은 estreito/a
깊은 fundo/a
얕은 raso/a
열린 aberto/a
닫힌 fechado/a
곧은 reto/a
휜 curvo/a
달콤한 doce
쓴 amargo/a
맛있는 gostoso/a
맛없는 sem gosto
맞는 certo/a
틀린 errado/a
공정한 justo/a
부당한 injusto/a
적합한 adequado/a
부적합한 inadequado/a
정돈된 arrumado/a
어수선한 desarrumado/a, bagunçado/a
더운, 뜨거운 quente
추운, 차가운 frio/a, gelado/a
참석한 presente
불참한 ausente
첫번째의 primeiro/a
마지막의 último/a
편리한 conveniente
불편한 inconveniente
편안한 confortável
불편한 desconfortável
왼쪽의 esquerdo/a
오른쪽의 direito/a
잘, 좋게 bem
잘못, 나쁘게 mal
가까이 perto
멀리 longe
급하게 depressa
천천히 devagar
더 mais
덜 menos

좋아하다 gostar
싫어하다 detestar, odiar
눕다 deitar-se
일어나다 levantar-se
자다 dormir
깨어나다 acordar
열다 abrir
닫다 fechar
나가다 sair
들어가다 entrar

출발하다 partir

도착하다 chegar

시작하다 começar, iniciar

끝나다, 끝내다 acabar, terminar

팔다 vender

사다 comprar

올라가다 subir

내려가다 descer

웃다 rir

울다 chorar

공격하다 atacar

방어하다 defender

축복하다 bendizer

저주하다 maldizer

칭찬하다 elogiar

비난하다 censurar

진보하다 progredir

퇴보하다 regredir

동의(일치)하다 concordar

동의(일치)하지 않다 discordar

이륙하다 decolar

착륙하다 pousar

21 식당 Restaurante, 음식 Comida

- O que gostaria de pedir? 무엇을 주문하고 싶으세요?
  - Para mim, **uma salada mista** e **um bife bem passado**.
    저는 모둠샐러드와 웰던스테이크요.
- O que vamos comer hoje à noite? 오늘 저녁에 뭐 먹을까요?
  - Vamos comer **pizza** ou **frango frito**. 피자나 프라이드치킨 먹읍시다.
- **A comida** é um pouco **salgada**, mas muito **gostosa**.
  음식이 조금 짜지만 정말 맛있어요.

식사 a refeição

다이닝룸 o salão de refeições

메뉴 o cardápio, o menu

애피타이저 o aperitivo

전채요리 a entrada

메인 요리 o prato principal

오늘의 요리 o prato do dia

전통 요리 o prato típico

단품요리 o prato à la carte

무제한 뷔페 o bufê livre

빵 바구니 a cesta de pães

디저트 a sobremesa

디너 접시 o prato raso

수프 접시 o prato fundo

빵 접시 o prato para pão

샐러드 접시 o prato para salada

접시 놓기 a arrumação da mesa

물컵 o copo de água

와인 잔 a taça de vinho

커피 잔 a xícara

잔 받침 o pires

냅킨 o guardanapo

디너 포크 o garfo para refeição

샐러드 포크 o garfo para salada

나이프 a faca de mesa

스테이크용 나이프 a faca para carne

수프 스푼 a colher de sopa

티 스푼 a colher de chá

식기세트(포크+나이프+스푼) o talher

쟁반 a bandeja

팁 a gorjeta

요금 o preço

계산서 a conta

영수증 o recibo

접수담당자 o/a recepcionista

식당종업원 o garçom/a garçonete

주방 a cozinha

주방장 o/a chefe de cozinha

식기세척실 o recinto para lavar louça

식기세척기 a máquina de lavar louça

뽀르낄루(본인이 담은 음식의 무게만큼 계산하는 식당) o restaurante por quilo

슈하스꾸 전문점 a churrascaria

스낵바 a lanchonete

피자집 a pizzaria

피자뷔페 o rodízio de pizza

푸드코트 a praça de alimentação

구내식당 o refeitório

테이블을 세팅하다 pôr/arrumar a mesa

손님을 안내하다 acompanhar um cliente à mesa

물을 서빙하다 servir a água

메뉴를 보고 주문하다 fazer pedido do cardápio

주문을 받다 anotar o pedido
요리하다 cozinhar
물을 끓이다 ferver água
굽다 (bake, roast) assar
굽다 (grill) grelhar
요리하다, 삶다 cozer
튀기다 fritar
훈제하다 defumar
양념하다 temperar
음식을 서빙하다 servir a comida
테이블을 치우다 tirar a mesa
쟁반을 나르다 carregar a bandeja
계산을 하다 pagar a conta
팁을 놓다 deixar uma gorjeta

● 음식 Comida

브라질식바베큐 o churrasco
스테이크 o bife, o filé
안심 o filé-mignon
등심 a picanha
채끝 등심 o contrafilé
갈비 a costela
쇠고기 a carne de vaca, a carne bovina
돼지고기 a carne de porco, a carne suína
닭고기 o frango
닭 심장 o coração
양고기 o carneiro
칠면조 o peru
오리 o pato
조개 o marisco
생선 o peixe
대구 o bacalhau
가재 a lagosta
새우 o camarão
게 o caranguejo
연어 o salmão
굴 a ostra
초밥 o sushi

웰던 스테이크 o bife bem passado
미디움 스테이크 o bife ao ponto
레어 스테이크 o bife malpassado
양파를 곁들인 스테이크 o bife acebolado
오븐에 구운 스테이크 o bife assado no forno
그릴에 구운 스테이크 o bife grelhado

그릴에 구운 닭고기 o frango grelhado
그릴에 구운 생선 o peixe grelhado
통닭구이 o frango assado
칠면조구이 o peru assado
생선구이 o peixe assado
생선찜 o peixe cozido
비프 커틀릿 o bife à milanesa
돈가스 o porco à milanesa
치킨가스 o frango à milanesa
생선가스 o peixe à milanesa
비프 파르메지아나 o bife à parmegiana

모둠 샐러드 a salada mista
감자 샐러드 a salada de batata
양배추 샐러드 a salada de repolho
파스타 샐러드 a salada de macarrão
옥수수 수프 a sopa de milho
해산물 수프 a sopa de frutos do mar
양파 수프 a sopa de cebola
시금치 수프 a sopa de espinafre
완두콩 수프 a sopa de ervilha
커리 소스 o molho de curry
토마토 소스 o molho de tomate
크림 소스 o molho de creme
버섯 소스 o molho de cogumelo
피망 소스 o molho de pimentão

피자 a pizza
스파게티 o espaguete
햄버거 o hambúrguer
치즈버거 o xis, o x-salada
샌드위치 o sanduíche
토스트 a torrada
핫도그 o cachorro quente
햄 치즈 샌드위치 o misto quente
감자튀김 a batata frita
프라이드치킨 o frango frito
라자냐 a lasanha
군만두 o pastel
스낵 o salgadinho
치즈빵 o pão de queijo
라면 o miojo
계란 프라이 o ovo frito
삶은 계란 o ovo cozido
스크램블 o ovo mexido
오믈렛 a omelete
메추리알 o ovo de codorna

• 맛

단 doce

짠 salgado/a

신 azedo/a, ácido/a

쓴 amargo/a

매운 picante, apimentado/a

기름진 gorduroso/a

맛있는 gostoso/a, delicioso/a

맛없는 sem gosto

22 과일 Fruta, 음료 Bebida

- Que **frutas** você vai comprar? 어떤 과일 살 거예요?
  – Vou comprar **abacaxi** e **manga**. 파인애플과 망고를 살 거예요.
- O que o senhor quer tomar? 어떤 음료 마시겠습니까?
  – Eu quero **um suco de laranja**. 오렌지 주스로 하겠습니다.
- Mais **uma cerveja**, por favor. 맥주 하나 더 주세요.

오렌지 a laranja

파인애플 o abacaxi

파파야 o mamão

망고 a manga

메론 o melão

수박 a melancia

라임 o limão (verde)

레몬 o limão (amarelo)

사과 a maçã

배 a pera

바나나 a banana

감 o caqui

체리 a cereja

참외 o melão coreano, o melão oriental

복숭아 o pêssego

딸기 o morango

포도 a uva

석류 a romã

귤 a tangerina, a mexerica

코코넛 o coco

무화과 o figo

자두 a ameixa

아보카도 o abacate

살구 o damasco

패션프루트 o maracujá

자몽 a toranja

망고스틴 o mangostão

리치 a lichia

키위 o kiwi

크랜베리 o arando

블루베리 o mirtilo

아사이베리 o açaí

오디 a amora

산딸기 a framboesa

올리브 a azeitona

과육 a polpa (de frutas)

씨 a semente

껍질 a casca

● **견과류**

땅콩 o amendoim

아몬드 a amêndoa

호두 a noz

밤 a castanha

카카오 o cacau

건포도 a uva passa, a passa

잣 o pinhão

마카다미아 a macadâmia

피스타치오 o pistache, o pistácio

캐슈 너트 a castanha-de-caju

브라질 너트 a castanha-do-Pará, a castanha do Brasil

● **음료** Bebida

생수 a água mineral

탄산수 a água com gás

토닉워터 a água tônica

커피 o café, o cafezinho

까페라떼 o café com leite

우유 o leite

핫초코 o chocolate quente

밀크쉐이크 o leite batido

홍차 o chá preto

녹차 o chá verde

마떼차 o chá mate, o chimarrão

아이스티 o chá gelado

탄산음료 o refrigerante

과라나 o guaraná

콜라 a coca, a pepsi

스프라이트 a sprite

오렌지주스 o suco de laranja

사과주스 o suco de maçã

딸기주스 o suco de morango

바나나주스 o suco de banana

복숭아주스 o suco de pêssego

파인애플주스 o suco de abacaxi

포도주스 o suco de uva

망고주스 o suco de manga

패션프루트주스 o suco de maracujá

옥수수주스 o suco de milho

사탕수수즙 o caldo de cana

● 술 Bebida, alcoólica

맥주 a cerveja

생맥주 o chope

레드 와인 o vinho tinto

화이트 와인 o vinho branco

그린 와인 o vinho verde

로제 와인 o vinho rosé

스위트 와인 o vinho doce

드라이 와인 o vinho seco

샴페인 o/a champanhe

스파클링 와인 o espumante

위스키 o uísque

칵테일 o coquetel

까샤싸 a cachaça

보드카 a vodca

까이삐링야 a caipirinha

까이삐로스까 a caipirosca

껜떵(끓인 와인, 끓인 까샤싸) o quentão

꼬냑 o conhaque

사케 o saquê

소주 o soju

빨대 o canudinho

안주 o petisco

마개 a tampa

코르크 마개 a rolha

병따개 o abridor

건배하다 fazer um brinde

건배! Saúde! Tim-tim!

23 슈퍼마켓 Supermercado

- Preciso comprar **batata**, **cebola**, **cenoura** e **cebolinha**.
  감자, 양파, 당근, 파를 사야 해요.
- Vamos comprar **pão**, **queijo** e **presunto**. 빵, 치즈, 햄을 삽시다.
- Onde está **o molho de pimenta**? 핫소스는 어디에 있죠?

● 채소

감자 a batata

양파 a cebola

당근 a cenoura

파 a cebolinha

토마토 o tomate

오이 o pepino

상추 a alface

양배추 o repolho

배추 a acelga

무 o nabo

비트 a beterraba

고추 a pimenta

시금치 o espinafre

파프리카 a páprica

호박 a abóbora

애호박 a abobrinha

마늘 o alho

생강 a gengibre

브로콜리 o brócolis

가지 a berinjela

옥수수 o milho

버섯 o cogumelo

피망 o pimentão

아스파라거스 o aspargo

셀러리 o aipo

콩 o feijão

렌틸콩 a lentilha

강낭콩 a vagem

완두콩 a ervilha

고구마 a batata-doce

카사바 a mandioca, o aipim, a macaxeira

- **식품** Alimento

쌀 o arroz

면 o macarrão, a massa

햄 o presunto

포르투갈식소시지 a linguiça

크림치즈 o requeijão

버터 a manteiga

케첩 o ketchup

식초 o vinagre

마요네즈 a maionese

조미료 o tempero

핫 소스 o molho de pimenta

된장 a pasta de soja

기름 o óleo

설탕 o açúcar

후추 a pimenta do reino

참깨 o gergelim, o sésamo

채소 o legume

아이스크림 o sorvete

탈지유 o leite desnatado

전유 o leite integral

포테이토칩 a batata frita

과일케이크 o panetone

껌 o chiclete

인스턴트커피 o café solúvel

에너지음료 a bebida energética

냉동식품 o alimento congelado

빵 o pão

계란 o ovo

치즈 o queijo

소시지 a salsicha

참치 o atum

잼 a geleia

마가린 a margarina

발사믹식초 o vinagre balsâmico

머스타드 a mostarda

소스 o molho

간장 o molho de soja

고추장 a pasta de pimenta

올리브유 o azeite

소금 o sal

계피 a canela

과일 a fruta

요구르트 o iogurte

연유 o leite condensado

저지방유 o leite semidesnatado

쿠키 o biscoito, a bolacha

케이크 o bolo

사탕 a bala

쵸콜렛 o chocolate

팝콘 a pipoca

이온음료 a bebida isotônica

유기농식품 o alimento orgânico

통조림제품 o produto enlatado
제과류 o produto de panificadora

• 용기 Recipiente

쇼핑카트 o carrinho de compras
쇼핑바구니 a cesta de compras
종이봉투 o saco de papel
비닐봉투 a sacola plástica
잼 한 병 um vidro de geleia
탄산음료 한 캔 uma lata de refrigerante
맥주 한 병 uma garrafa de cerveja
달걀 한 카톤 uma caixa de ovos
치즈 한 통 um pote de queijo
시리얼 한 박스 uma caixa de cereal
밀가루 한 봉지 um saco de farinha
쿠키 한 패키지 um pacote de biscoito
6캔들이 팩 uma embalagem de seis latas
치약 튜브 하나 um tubo de pasta de dente
키친타월 두루마리 하나 um rolo de toalha de papel

24 의류 Vestuário

- Qual é o tamanho **da sua camisa**? 셔츠 사이즈는 어떻게 되나요?
  – É tamanho **M**. 미디움이에요.
- Gostaria de provar **uma calça jeans**. 청바지를 입어 보고 싶어요.
- Vou colocar **uma camiseta** com **uma minissaia**.
  미니스커트에 티셔츠를 입을 거예요.

와이셔츠 a camisa
티셔츠 a camiseta
니트셔츠 a camisa de malha
스포츠 셔츠 a camisa-esporte
블라우스 a blusa
양복정장 o terno
마이 o paletó
자켓, 점퍼 a jaqueta

겨울 파카 a jaqueta de frio
오리털자켓 a jaqueta acolchoada
가디건 o cardigã
코트 o casaco
비옷 a capa de chuva
조끼 o colete
오리털조끼 o colete acolchoado
점프수트 o macacão
턱시도 o smoking
민소매 티 a camiseta sem manga, a regata

바지 a calça
반바지 a bermuda
치마 a saia
치마바지 a saia-calça
미니스커트 a minissaia
레깅스 a calça fuseau
청바지 a calça jeans
트레이닝 바지 a calça de moletom
무용 타이츠 a malha de ginástica
핫 팬츠 o short
사이클용 반바지 o short de ciclista
원피스 o vestido
이브닝 가운 o vestido de noite
임산부용 드레스 o vestido para gestante
유니폼 o uniforme
속옷 a roupa íntima
남자팬티 a cueca
여자팬티 a calcinha
브래지어 o sutiã
팬티스타킹 a meia-calça
잠옷 a camisola
파자마 o pijama
트레이닝복 a roupa de treino
슬립 a combinação

남자수영복 a sunga
여자(끈)수영복 a tanga
비치타올 a canga
목욕가운 o roupão
비키니 수영복 o biquíni
원피스 수영복 o maiô

양말, 스타킹 a meia
장갑 a luva
목도리 o cachecol
베레모 a boina
야구모자 o boné
밀짚모자 o chapéu de palha

털모자 o gorro de lã

주머니 o bolso

단추 o botão

지퍼 o zíper

귀마개 o protetor para orelhas

스키마스크 a máscara de esqui

● 무늬 종류

줄무늬의 listrado/a

민무늬의 liso/a

체크무늬의 xadrez

꽃무늬의 florido/a

프린트무늬의 estampado/a

물방울무늬의 de bolinhas

● 사이즈

엑스스몰 PP(extrapequeno)

스몰 P(pequeno)

미디움 M(médio)

라지 G(grande)

엑스라지 GG(extragrande)

● 천 종류

울 a lã

면 o algodão

가죽 o couro

실크 a seda

리넨 o linho

나일론 o náilon

● 의복 묘사

크루넥 스웨터 o suéter com decote redondo

브이넥 스웨터 o suéter com decote em V

터틀넥 스웨터 o suéter com gola olímpica

민소매 셔츠 a camisa sem manga

반소매 셔츠 a camisa de manga curta

긴소매 셔츠 a camisa de manga comprida

나시(민소매 티) a regata

짧은 치마 a saia curta

긴 치마 a saia longa

정장 드레스 o vestido de festa

캐주얼 드레스 o vestido esporte

평범한 블라우스 a blusa simples

화려한 블라우스 a blusa enfeitada

얇은 자켓 a jaqueta leve

두꺼운 자켓 a jaqueta pesada

헐렁한 바지 a calça folgada

타이트한 바지 a calça justa

25 신발 Sapatos, 액세서리 Acessórios, 색깔 Cores

- Qual é a cor **da sua bolsa**? 당신의 핸드백 색깔은 뭐예요?
  – É **preta**. 검정색이에요.
- Eu ganhei **um anel** e **um par de brincos** de presente.
  선물로 반지와 귀걸이를 받았어요.
- Gostaria de ver **um sapato marrom**. 갈색 구두를 보고 싶어요.

운동화 o tênis

구두, 신발 o sapato

굽 높은 구두 o sapato de salto alto

굽 낮은 구두 o sapato de salto baixo

새 신발 o sapato novo

헌 신발 o sapato velho

끈 매는 신발 o sapato de amarrar

장화 a galocha

부츠 a bota

간편화 o mocassim

샌들 a sandália

슬리퍼 o chinelo

핸드백 a bolsa

서류가방 a pasta

배낭 a mochila

캐리어 a mala

반지 o anel

결혼반지 a aliança

귀걸이 o brinco

목걸이 o colar

목걸이 줄 a corrente
펜던트 o pingente
팔찌 a pulseira
브로치 o broche
손목시계 o relógio de pulso
알람시계 o despertador
안경 os óculos
선글라스 os óculos de sol
넥타이 a gravata
나비 넥타이 a gravata borboleta
넓은 넥타이 a gravata larga
좁은 넥타이 a gravata estreita
우산 o guarda-chuva
양산 a sombrinha
지갑 a carteira
손수건 o lenço
벨트 o cinto
보석 a joia
동전지갑 o porta-níqueis
열쇠고리 o chaveiro

● 색깔

빨간색 o vermelho
파란색 o azul
네이비색 o azul-marinho
하늘색 o azul-claro
암청색 o azul-escuro
터키블루 o azul-turquesa
녹색 o verde
청록색 o verde-azul
연두색 o verde-claro
노란색 o amarelo
검정색 o preto
흰색 o branco
회색 o cinza
갈색 o marrom
베이지색 o bege
주황색 o laranja
핑크색 o rosa
자주색 o roxo
보라색 o violeta
황금색, 황금빛 o dourado
은색, 은빛 o prateado
황갈색, 구릿빛 o bronzeado

빨간 차 o carro vermelho
빨간 펜 a caneta vermelha
파란 야구모자 o boné azul
파란 셔츠 a camisa azul
네이비색 양복 o terno azul-marinho
녹색 블라우스 a blusa verde

황열 a febre amarela
흰색 냉장고 a geladeira branca
베이지색 바지 a calça bege
자주색 크리스탈 o cristal roxo
은색 칼 a faca prateada
검정 넥타이 a gravata preta
회색 전화기 o telefone cinza
핑크색 파자마 o pijama rosa
금색 구두 o sapato dourado
구릿빛 피부 a pele bronzeada

26 쇼핑센터 Shopping

- Onde fica **a praça de alimentação**? 푸드코트는 어디에 있나요?
- Preciso ir **ao salão de beleza** para cortar o cabelo.
  머리를 자르기 위해 미용실에 가야해요.
- O que você vai comprar **na loja de lembrancinhas**?
  기념품점에서 무엇을 살 거예요?

레스토랑 o restaurante
생맥주집 a choperia
카페 o café
와인가게 a loja de vinhos
구내식당 o refeitório
슈퍼마켓 o supermercado
식료품가게 a mercearia
슈하스까리아 a churrascaria
빵집 a padaria
유제품 판매점 a leiteria
생선가게 a peixaria
스낵바 a lanchonete
바 o bar
찻집 a sala de chá
담배가게 a tabacaria
푸드코트 a praça de alimentação
아이스크림가게 a sorveteria
정육점 o açougue
햄버거집 a hamburgueria
과자점 a confeitaria
캔디가게 a doceria
벼룩시장 o mercado de pulgas

패스트푸드점 o restaurante de comida rápida

아이스크림 판매대 o quiosque de sorvete

미용실 o salão de beleza

세탁소 a lavanderia

서점 a livraria

보석가게 a joalheria

가판대 a banca

구두점 a sapataria

시계점 a relojoaria

약국 a farmácia, a drogaria

문구점 a papelaria

향수가게 a perfumaria

꽃가게 a floricultura

여행사 a agência de viagens

부동산 a imobiliária

안경점 a óptica

편의점 a loja de conveniência

기념품점 a loja de lembrancinhas

화장품점 a loja de cosméticos

장난감가게 a loja de brinquedos

애완동물가게 a loja de animais

전자제품가게 a loja de artigos eletrônicos

수공예품점 a loja de artesanato

에스테틱샵 a loja de estética

뮤직스토어 a loja de música

옷가게 a loja de roupas

백화점 a loja de departamento

안내판 o painel de informações

점원 o/a balconista

상표 a marca

비닐봉지 a sacola plástica

경품 o brinde

안내부스 o balcão de informações

고객 o/a cliente

쇼핑백 a sacola

계산대 o caixa

세일 a promoção, a liquidação

27 집 Casa

- Quantos **quartos** tem? 방이 몇 개 있나요?
- Eu preciso pagar **o aluguel** e **o condomínio** todos os meses.
  매달 집세와 관리비를 내야해요.
- Decidi fazer **a reforma do banheiro**. 화장실을 리모델링하기로 결정했어요.

지붕 o telhado

문 a porta

식당 a sala de jantar

주방 a cozinha

침실 o quarto

천장 o teto

계단 a escada

문고리 a maçaneta

현관 a entrada

지하실 o porão

창고 a despensa

발코니 a sacada

울타리 a cerca

초인종 a campainha

열쇠 a chave

안뜰 o pátio

1층 o térreo

옥상정원 o jardim na cobertura

화재용 비상구 a saída de incêndio

벽 a parede

창문 a janela

거실 a sala de estar

복도 o corredor

욕실, 화장실 o banheiro

바닥 o chão

층계 o degrau

계단손잡이 o corrimão

대문 o portão

다락 o sótão

차고 a garagem

정원 o jardim

잔디밭 o gramado

우편함 a caixa de correio

테라스 o terraço

뒷뜰 o quintal

2층 o primeiro andar

보안장치 o sistema de segurança

소화기 o extintor de incêndio

● 거주지

도시 지역 a área urbana

교외 지역 a área suburbana

전원 지역 a área rural

빈민가 a favela

거주지 a moradia

아파트 o apartamento

가구가 딸린 아파트 o apartamento mobiliado

기본적인 가구만 딸린 아파트 o apartamento semimobiliado

가구 없는 아파트 o apartamento sem mobília

연립주택 a casa de conjunto residencial

집, 단독주택 a casa

이층집 o sobrado

레지던스 호텔 o flat

저택 a mansão

농장 a fazenda, o sítio

원룸 a quitinete, a kitchenette

하숙집 a pensão

대학 기숙사 a residência universitária

보호소 o abrigo

양로원 o asilo

● 집 구매 및 관리

집주인 o/a proprietário/a

세입자 o/a inquilino/a

부동산 a imobiliária

부동산 중개업자 o/a corretor(a)

보증인 o/a fiador(a)

보증보험 o seguro de fiança

건물관리인(유지보수) o/a zelador(a)

경비원 o/a porteiro/a

건물관리인(행정) o/a síndico/a

자택 o domicílio

집세, 임대료, 임대 o aluguel

관리비 o condomínio

이사 a mudança

이웃 o/a vizinho/a

리모델링 a reforma

재건축 a reconstrução

28 거실 Sala de estar, 침실 Quarto

- Onde está o controle remoto? 리모컨은 어디에 있나요?
- **Na sala de estar**, ficam **o sofá** e **a TV**. 거실에는 소파와 TV가 있어요.
- Eu coloquei **uma cama de casal no quarto**. 침실에 더블 침대를 놓았어요.

● 거실

소파 o sofá

텔레비전 a TV

커튼 a cortina

테이블 a mesa

벽시계 o relógio de parede

전기난로 o aquecedor elétrico

에어컨 o ar condicionado

천장 선풍기 o ventilador de teto

안락의자 a poltrona

마루 o assoalho

장작 a lenha

전축 o aparelho de som

스위치 o interruptor

어댑터 o adaptador

플로어 램프 o abajur de pé

트랙 조명 a luminária de trilho

전화기 o telefone

잡지 꽂이 o porta-revistas

사진 a foto

쿠션 a almofada

라디오 o rádio

책장, 선반 a estante

벽 a parede

벽난로 a lareira

양탄자, 카펫 o carpete

선풍기 o ventilador

리모컨 o controle remoto

흔들의자 a cadeira de balanço

천장 o teto

바구니 a cesta

휴지통 a lixeira, o lixo

콘센트 a tomada

전등 a lâmpada

샹들리에 o lustre

그림 a pintura

꽃병 o vaso

벽 액자 o quadro

가습기 o umidificador de ar

● 침실

싱글 침대 a cama de solteiro
더블 침대 a cama de casal
2층 침대 o beliche
침대 머리판 a cabeceira
매트리스 o colchão
침대 시트 o lençol
베개 o travesseiro
베갯잇 a fronha
담요, 모포 o cobertor
솜이불 o edredom
협탁 o criado-mudo
바닥 깔개 o tapete
옷장 o roupeiro, o guarda-roupa
벽장 o armário embutido
옷걸이 o cabide
행거 a arara
서랍장 a cômoda
서랍 a gaveta
탁상 램프 o abajur de mesa
램프 갓 a cúpula do abajur
알람시계 o despertador
사진 액자 o retrato
거울 o espelho
티슈 o lenço de papel
화장대 a penteadeira
빗 o pente de cabelo
헤어브러쉬 a escova de cabelo
벽지 o papel de parede
문고리 a maçaneta
책상 a escrivaninha
안방, 스위트룸 a suíte
차양 a persiana

● 아기방

요람 o berço
요람용 모빌 o móbile para berço
보행기 o andador de bebê
유아용 변기 o penico infantil
기저귀 a fralda
젖병 a mamadeira
공갈 젖꼭지 a chupeta
장난감 o brinquedo
인형 a boneca
곰 인형 o ursinho
블록 o bloco
공 a bola
그림책 o livro com figuras
퍼즐 o quebra-cabeça

29 욕실 Banheiro, 주방 Cozinha

- Eu uso fio dental e cotonete todos os dias. 나는 매일 치실과 면봉을 사용한다.
- O vaso sanitário está entupido. 변기가 막혔어요.
- Na cozinha, tem uma geladeira, um fogão e um micro-ondas.
  주방에는 냉장고, 스토브, 전자레인지가 있다.

• 욕실

샤워기 o chuveiro
거울 o espelho
비누 o sabonete
비누곽 a saboneteira
샴푸 o xampu
린스 o condicionador
칫솔 a escova de dente
치약 a pasta de dente
치실 o fio dental
면도기 o barbeador
면도크림 o creme de barbear
면도날 a lâmina de barbear
욕조 a banheira
고무매트 o tapete de borracha
거품목욕 o banho de espuma
목욕용 스펀지 a esponja de banho
목욕가운 o roupão de banho
욕실커튼 a cortina para banheiro
세면대 a pia
수도꼭지 a torneira
배수구 o ralo
마개 a tampa
대야 a bacia
수건 a toalha
수건걸이 o porta-toalhas

변기 o vaso sanitário
비데 o bidê (eletrônico)
휴지 o papel higiênico
휴지걸이 a papeleira
물내림 레버 o botão de descarga
변기 세척솔 a escova de vaso sanitário

면봉 o cotonete

애프터쉐이브로션 a loção pós-barba

빨래 바구니 o cesto de roupa suja

헤어드라이어 o secador de cabelo

브러쉬 a escova de cabelo

데오도란트 o desodorante

바디로션 a loção corporal

욕실장 o armário de banheiro

빗 o pente de cabelo

체중계 a balança

● 주방

냉장고 a geladeira, o refrigerador

전기포트 a chaleira elétrica

오븐 o forno

스토브 o fogão

프라이팬 a frigideira

냄비뚜껑 a tampa

커피메이커 a cafeteira

저울 a balança

머그잔 a caneca

깡통 따개 o abridor de latas

강판 o ralador

부엌칼 a faca de cozinha

식기세척기 a lavadora de louça

행주 o pano de louça

싱크대 a pia

오븐용 장갑 a luva de forno

사발 a tigela

체 a peneira

계량컵 o copo para medir

찬장 o armário de cozinha

냉동고 o freezer

전자레인지 o micro-ondas

오븐 토스터 o forno elétrico

음식물쓰레기 처리기 o triturador de lixo

냄비 a panela

압력솥 a panela elétrica de pressão

믹서기 o liquidificador

토스트기계 a torradeira

병따개 o abridor de garrafas

와인따개 o abridor de vinho, o saca-rolhas

밀대 o rolo de massa

과도 a faca de descascar

식기건조대 o escorredor de louça

키친타월 a toalha de papel

고무장갑 as luvas de borracha

도마 a tábua de corte

국자 a concha

거품기 o batedor

세제 o detergente

주방 선반 a prateleira para cozinha

쟁반 a bandeja

커피잔 a xícara de café

잔 받침 o pires

샴페인잔 a taça de champanhe

접시 o prato

서빙 접시 a travessa

식탁보 a toalha de mesa

설탕통 o açucareiro

크림통 a leiteira

냅킨 o guardanapo

나이프 a faca

포크, 나이프, 숟가락세트 o talher

주전자 a chaleira

찻잔 a xícara de chá

와인잔 a taça de vinho

컵 o copo

접시 세트 o jogo de pratos

식탁 a mesa de jantar

커피여과기 o coador de café

소금통 o saleiro

후추통 o pimenteiro

포크 o garfo

숟가락 a colher

젓가락 os pauzinhos

30 집안일 Tarefas domésticas

- Eu **arrumo a cama** e **esvazio o lixo** todos os dias.
  매일 침대를 정돈하고 휴지통을 비워요.
- Vou **lavar a louça** e logo depois **limpar o forno**.
  설거지를 하고 바로 오븐을 청소할게요.
- Você pode pegar **um martelo** e **um prego** para mim?
  망치와 못 하나만 줄래?

설거지를 하다 lavar a louça

오븐을 청소하다 limpar o forno

가구의 먼지를 털다 tirar o pó dos móveis

그릇을 말리다 enxugar a louça

조리대를 닦다 limpar o balcão

유리창을 닦다 limpar os vidros
가구를 광내다 lustrar os móveis
바닥을 쓸다 varrer o chão
바닥을 문질러 닦다 esfregar o chão
진공청소기를 밀다 passar o aspirador de pó
대걸레로 바닥을 닦다 limpar o chão com esfregão
신문을 재활용하다 reciclar jornais
휴지통을 비우다 esvaziar o lixo
쓰레기를 내놓다 levar o lixo para fora
장난감을 치우다 guardar os brinquedos
침대를 정돈하다 arrumar a cama
시트를 갈다 trocar a roupa de cama
빨래를 분류하다 separar a roupa
세제를 넣다 colocar o detergente
세탁기에 빨래를 넣다 colocar a roupa na lavadora
건조기를 비우다 esvaziar a secadora
빨래를 널다 pendurar a roupa
빨래를 개다 dobrar a roupa
다림질을 하다 passar a roupa
손바느질하다 costurar à mão
틀바느질하다 costurar à máquina
바지 기장을 줄이다 encurtar a calça
바지 기장을 늘이다 encompridar a calça
망치질하다 martelar
못을 박다 pregar
페인트칠하다 pintar
측정하다 medir

● 청소, 세탁, 재봉용품

발판사다리 a escadinha
유리 클리너 o limpa-vidros
유리 청소기 o limpador de vidros
먼지떨이 o espanador de pó
진공청소기 o aspirador de pó
빗자루 a vassoura
쓰레받기 a pá de lixo
쓰레기봉지 o saco de lixo
대걸레 o esfregão
철 수세미 esponja de aço
가구 광택제 o lustra-móveis
세탁솔 a escova para esfregar
양동이 o balde
세제 o detergente
걸레 o pano de limpeza
재활용통 o recipiente para reciclagem
세탁기 a lavadora de roupas
건조기 a secadora de roupas
빨래바구니 o cesto de roupa suja
세탁세제 o sabão em pó

표백제 o alvejante
섬유유연제 o amaciante
빨래줄 o varal
빨래집게 o pregador, o prendedor de roupas
스팀다리미 o ferro a vapor
다리미판 a tábua de passar
바늘 a agulha
실 o fio
실타래 o carretel de linha
핀 o alfinete
반짇고리 a caixa de costura
골무 o dedal

● 공구, 건물보수용품

망치 o martelo
펜치 o alicate
못 o prego
나사 o parafuso
볼트 o parafuso de porca
너트 a porca
가위 a tesoura
톱 o serrote
도끼 o machado
해머 a marreta
삽 a pá
곡괭이 a picareta
전동드릴 a furadeira elétrica
드릴비트 a broca
줄자 a fita métrica
끈 a corda
철사 o fio metálico
대패 a plaina
사포 a lixa
페인트 a tinta
페인트롤러 o rolo de pintar
붓 o pincel
스크레이퍼 o raspador
끌 o formão
플런저 o desentupidor
랜턴 a lanterna
절연테이프 a fita isolante
연결코드 a extensão
콘센트 a tomada
배터리 a bateria
안전모 o capacete de proteção
보호안경 고글 a máscara de proteção
일자 드라이버 a chave de fenda reta
십자 드라이버 a chave de fenda cruzada

31 은행 Banco, 우체국 Correio

- Quero **sacar dinheiro** de **um caixa eletrônico**.
  ATM에서 돈을 인출하고 싶어요.
- Eu prefiro pagar com **cartão de débito**.
  체크카드로 결제하는 걸 선호해요.
- Coloquei **uma carta** **na caixa de correio**. 우체통에 편지를 넣었어요.

● 은행

계좌를 개설하다 abrir uma conta

신청서류에 서명하다 assinar a ficha

입금하다 fazer um depósito, depositar dinheiro

인출하다 fazer um saque, sacar dinheiro

1000 달러를 헤알로 바꾸다 trocar mil dólares por reais

전기요금을 내다 pagar a conta de luz

수도요금을 내다 pagar a conta de água

가스요금을 내다 pagar a conta de gás

전화요금을 내다 pagar a conta de telefone

집세를 내다 pagar o aluguel

관리비를 내다 pagar o condomínio

계좌를 해지하다 fechar a conta

창구 o caixa　　금고 o cofre

현금인출기 o caixa eletrônico/automático

지문인식 a identificação biométrica

보통예금 a conta corrente　　저축예금 a poupança

계좌번호 o número de conta
비밀번호 a senha
입금 o depósito
인출 o saque
잔액 o saldo
월간 거래내역서 o extrato mensal
신용카드 o cartão de crédito
체크카드 o cartão de débito
수표 o cheque
수표책 o talão de cheques
이자 os juros
이체 a transferência
대출 o empréstimo
은행 수수료 a taxa bancária
지폐 a nota
동전 a moeda
금액 o valor
납부 고지서 o boleto bancário
예금 통장 a caderneta de poupança
신상기록카드 a ficha
은행 지점 a agência bancária
은행원 o/a bancário/a
창구계원 o/a caixa
경비원 o/a segurança
귀중품 보관함 a caixa de segurança, o cofre particular

• 우체국

소포 o pacote
저울 a balança
편지 a carta
편지봉투 o envelope de carta
엽서 o cartão postal
도장, 소인 o carimbo
우표 o selo
우체통 a caixa de correio
발송인 o/a remetente
수신인 o/a destinatário/a
우체부 o/a carteiro/a
우편번호 CEP(Código de Endereçamento Postal)
등기우편 a carta registrada, a correspondência registrada
속달우편 o SEDEX, o correio expresso, a encomenda expressa

• 현금인출기

카드를 넣어주세요. Coloque o cartão.

옵션 중 하나를 선택하세요. Selecione uma das opções.

그림에 따라 지정된 곳에 손가락을 대세요.
Coloque o dedo no local indicado conforme a imagem.

카드의 비밀번호를 누르세요. Digite a senha do cartão.

비밀번호가 맞지 않습니다. Esta senha está inválida.

거래를 다시 시작해 주세요. Reinicie a operação.

거래가 완료되었습니다. A operação está finalizada.

카드와 거래내역서를 꺼내세요. Retire o seu cartão e o extrato.

32 직장 Trabalho

- Tenho uma entrevista com o diretor da empresa.
  회사 부장과 면접이 있어요.
- Temos uma reunião geral às 10h. 우린 10시에 총회가 있어요.
- Preciso trocar o cartucho da impressora. 프린터에 카트리지를 갈아야 해요

직업게시판을 보다 olhar no mural de empregos

구인광고판을 찾아보다 procurar placas de “Precisa-se”

정보를 얻기 위해 전화하다 ligar para obter informações

취업원서를 작성하다 preencher uma ficha de emprego

면접을 보러 가다 ir a uma entrevista

경험에 대해 얘기하다 falar sobre a experiência

임금과 복지후생에 대해 문의하다 perguntar sobre o salário e os benefícios

협상하다 negociar

채용하다 contratar, empregar

취업하다 arrumar/arranjar/conseguir emprego

출근하다 ir ao trabalho

퇴근하다, 귀가하다 voltar para casa

결근하다 faltar ao trabalho

이력서 o currículo

면접, 인터뷰 a entrevista

피면접자 o/a entrevistado/a

본사 a matriz

업무 o trabalho, o serviço

근무시간 o horário de expediente

정규직 o trabalho regular

아르바이트 o bico

임금, 급여 o salário, a remuneração

월급 o salário mensal

보너스 o bônus, a bonificação

승진 a promoção

휴가 as férias

상사 o/a chefe

과장, 매니저 o/a gerente

상무 o/a diretor(a) comercial

사장, 대표이사 o/a diretor(a) executivo/a,
o/a diretor(a) geral,
o/a CEO

취업원서 a ficha de emprego

면접관 o/a entrevistador(a)

지원자 o/a candidato/a

지사 a filial, a sucursal

회의 a reunião

초과근무 a hora extra

임시직 o trabalho temporário

아웃소싱 a terceirização

최저임금 o salário mínimo

월급날 o dia de salário

임금재조정 o reajuste salarial

출장 a viagem de negócios

퇴직 a aposentadoria

부하직원 o/a subordinado/a

부장 o/a diretor(a)

전무 o/a diretor(a) administrativo/a

● 사무실

복사를 하다 fazer cópias

팩스로 보내다 enviar por fax

메시지를 받아쓰다 anotar um recado

컴퓨터에 타이핑하다 digitar no computador

서류를 파일에 넣다 arquivar os documentos

모든 서류에 도장을 찍다 carimbar todos os documentos

서류를 스테이플러로 찍다 grampear os documentos

서류를 정리하다 organizar os documentos

컴퓨터 o computador

복사기 a máquina de xerox

프린터 a impressora

잉크 a tinta

서류철 o arquivo

보관함 o armário

책상 a escrivaninha

회전의자 a cadeira giratória

달력 o calendário

계산기 a calculadora

문서 파쇄기 o triturador de papel

전동연필깎이 o apontador elétrico de lápis

스캐너 o escaneador

팩스기 o aparelho de fax

카트리지 o cartucho

A4지 o papel A4

서류 폴더 a pasta

종이 절단기 a guilhotina

책상 패드 o risque e rabisque

클립보드 a prancheta

액자 o quadro

스테이플러 o grampeador

33 컴퓨터 Computador

- **Copie o arquivo** e **cole numa pasta**. 파일을 복사해서 폴더에 붙여 넣으세요.
- **O teclado** não está funcionando. 키보드가 작동하지 않아요.
- Basta **clicar** com o botão direito **do mouse**.
  마우스 오른쪽 버튼을 클릭하기만 하면 돼요.

부팅하다 iniciar
설치하다 instalar
드래그하다 arrastar
복사하다 copiar
저장하다 salvar
새 창에서 열다 abrir em nova janela
다운로드하다 baixar
포맷하다 formatar
클릭하다 clicar
잘라내다 cortar
붙여넣다 colar
백업하다 fazer a cópia de segurança
창을 닫다 fechar a janela
바로가기를 만들다 criar o atalho
자동으로 정렬하다 organizar automaticamente
휴지통을 비우다 esvaziar a lixeira
복원하다 restaurar
인터넷 검색을 하다 navegar na internet
즐겨찾기에 추가하다 adicionar aos favoritos

키보드 o teclado
모니터 o monitor
헤드폰 o fone de ouvido
종이 o papel
마우스 o mouse
스피커 o alto-falante
프린터 a impressora
스크린 a tela
중앙처리장치 a CPU, o processador, a unidade central de processamento
마우스패드 o mousepad, o tapete de mouse, a esteira de mouse
하드디스크 o disco rígido

CD o disco compacto, o CD

CD롬 o CD-ROM

마더보드 a placa-mãe

케이블 o cabo

사용설명서 o manual do usuário

노트북 o notebook, o laptop

무선 마우스 o mouse sem fio

MP3 플레이어 o tocador de MP3

USB 드라이브 o pen drive

어댑터 o adaptador

메모리 a memória

운영체제 o sistema operacional

웹캠 a câmera de computador, a webcam

바탕화면 a área de trabalho

제어판 o painel de controle

커서 o cursor

아이콘 o ícone

폴더 a pasta

파일 o arquivo

더블클릭 o duplo clique

업그레이드 a atualização

응용 프로그램 o aplicativo

홈페이지 a página principal

브라우저 o navegador

와이파이 인터넷 a internet sem fio

무선 공유기 o roteador sem fio

방화벽 o firewall

웹사이트 o website

검색 사이트 o site de pesquisa

인터넷 포털 o portal internet

SNS a rede social

블로그 o blog

댓글 o comentário

이메일 o e-mail

첨부 o anexo

받은 편지함 a caixa de entrada

보낸 편지함 a caixa de saída

휴지통 a lixeira

34 공항 Aeroporto

- **O embarque** será **no Portão** 10 a partir das 18h.
  탑승은 10번 탑승구에서 18시부터입니다.
- Eu comprei **a passagem aérea de ida e volta** para Lisboa.
  리스본행 왕복 항공권을 구입했어요.
- O uso **do cinto de segurança** é obrigatório durante **o voo**.
  비행 중에는 안전벨트 착용이 의무입니다.

항공권을 구입하다 comprar a passagem aérea

수하물을 부치다 despachar a bagagem

탑승권을 받다 pegar o cartão de embarque

보안검사를 통과하다 passar pela segurança

탑승구에서 탑승 수속을 받다 apresentar-se no portão

비행기에 탑승하다 embarcar no avião

좌석을 찾다 encontrar a poltrona

짐칸에 기내 휴대용 수하물을 넣다 guardar a bagagem de mão no compartimento

안전벨트를 착용하다 colocar o cinto de segurança

비상구를 찾다 procurar a saída de emergência

비상카드를 보다 olhar a ficha de emergência

이륙하다 decolar

호출버튼을 누르다 apertar o botão de chamada

담요를 달라고 하다 pedir um cobertor

비행중 난기류를 겪다 passar por turbulência durante o voo

착륙하다 pousar, aterrisar

수하물수취대에서 짐을 찾다 pegar a mala na esteira de bagagem

● 공항

국제공항 o aeroporto internacional
국내공항 o aeroporto doméstico
국제선 o voo internacional
국내선 o voo doméstico
탑승터미널 o terminal de embarque, a ala de embarque
항공편, 비행 o voo
항공권 a passagem aérea
전자항공권 o e-ticket, a passagem eletrônica
셀프 체크인 기기 a máquina de autoatendimento
탑승권 o cartão de embarque
여권 o passaporte
비자 o visto
공항세 a taxa de embarque
발권 a emissão de passagem aérea
기내 휴대용 수하물 a bagagem de mão
부치는 수하물 a bagagem para despachar
편도로 de ida
왕복으로 de ida e volta
항공사 a companhia aérea
항공운임 a tarifa aérea
탑승 카운터 o balcão de embarque
탑승구 o portão de embarque
보안검색 시스템 o controle de segurança
금속탐지기 o detector de metais
방역 a quarentena
대기자명단 a lista de espera
면세점 a duty free shop
탑승 호출 a chamada de embarque
탑승용 통로 a ponte de embarque
활주로 a pista
관제탑 a torre de controle
출입국신고서 o cartão de entrada e saída
세관 a alfândega
세관신고서 a declaração de alfândega
세관검사 a fiscalização aduaneira
출입국심사대 a imigração
수하물수취대 a esteira de bagagem
수하물카트 o carrinho de bagagem
확인 a confirmação
환승 a transferência
경유 a escala
연결편 a conexão
연착된 atrasado
결항된 cancelado
출발일 a data de partida
도착일 a data de chegada

출발지 o local de partida, o local de origem

목적지, 도착지 o local de destino, o local de chegada

● 비행기

여객기 o avião de passageiros

화물 수송기 o avião cargueiro

항공편명 o número de voo

코드셰어 o compartilhamento de voo

좌석번호 o número de assento

기장, 조종사 o/a comandante, o/a piloto/a

승무원 o/a comissário/a de bordo, o/a aeromoço/a

조종실 a cabine de pilotagem, a cabine de comando

객실 a cabine de passageiros

퍼스트클래스 a primeira classe

비즈니스클래스 a classe executiva

이코노미클래스 a classe econômica

비상구 a saída de emergência

좌석 위 짐칸 o compartimento para bagagem de mão

호출버튼 o botão de chamada

호출등 a luz de chamada

산소마스크 a máscara de oxigênio

구명조끼 o colete salva-vidas

트레이 테이블 a mesinha individual

기내서비스 o serviço de bordo

비행노선 a rota de voo

난기류존 a zona de turbulência

날개 a asa

꼬리, 후미 a cauda

복도 o corredor

창문 a janela

안대 a máscara de dormir

이어폰 o fone de ouvido

모포 o cobertor

베개 o travesseiro

현지시각 a hora local

시차 o fuso horário

금연 Proibido fumar

화장실 o lavatório

사용 중 ocupado

비어 있음 livre

이륙 a decolagem

착륙 o pouso, a aterrissagem

35 호텔 Hotel

- Eu já fiz **uma reserva** para duas noites. 저는 이미 2박 예약했어요.
- Você pode fazer **o check-in** a partir das 14 horas.
  체크인은 14시부터 할 수 있습니다.
- O acesso **à piscina** e **à academia** é gratuito.
  수영장과 헬스장은 무료로 이용 가능합니다.

호텔 o hotel

모텔 o motel

여관 a pousada

예약 a reserva

지배인 o/a gerente

리셉셔니스트 o/a recepcionista

벨 보이 o carregador

손님 o/a cliente

투숙객 o/a hóspede

빈방 a vaga

체크인 o check-in

1인실 o quarto simples

3인실 o quarto triplo

카드키 o cartão de acesso

레지던스호텔 o flat

유스호스텔 o albergue da juventude

안내 a informação

숙박료 a diária

전화교환원 o/a telefonista

프런트 데스크 a recepção

로비 o saguão

짐 a bagagem

숙박카드 a ficha de hospedagem

객실 o apartamento, o quarto

체크아웃 o check-out

2인실 o quarto duplo

열쇠 a chave

더블룸 o quarto com cama de casal

트윈룸 o quarto com duas camas de solteiro

싱글침대 a cama de solteiro

추가침대 a cama extra

에어컨 o ar condicionado

미니냉장고 o frigobar

더블침대 a cama de casal

2층침대 o beliche

히터 o aquecedor

전기포트 a chaleira elétrica

객실청소부 a camareira

청소 카트 o carrinho de limpeza

짐 카트 o carrinho de bagagem

룸서비스 o serviço de quarto

주차장 o estacionamento

환전 o câmbio

수영장 a piscina

사우나 a sauna

헬스장 a academia

연회장 o salão de banquete

회의실 a sala de conferência

선물가게 a loja de presentes

물품보관소 o guarda-volumes

엘리베이터 o elevador

비상구 a saída de emergência

계단 a escada

팁 a gorjeta

금고 o cofre

케이블TV a TV a cabo

유료TV a TV por assinatura

광대역 인터넷 접속 o acesso à internet de banda larga

무선 인터넷 접속 o acesso à internet sem fio

발레파킹 서비스 o serviço de manobrista

셔틀서비스, 픽업서비스 o serviço de traslado

(객실 밖에 거는 문구) 방을 청소해 주세요. Por favor, arrumar o quarto.

(객실 밖에 거는 문구) 깨우지 마세요. 방해하지 마세요. Não incomodar.

샤워기가 작동하지 않아요. O chuveiro não está funcionando.

여기 수건이 없어요. Aqui não tem toalha.

36 관광 Turismo

- As praias e a catedral eram muito bonitas.
  해변과 성당이 매우 아름다웠어요.
- A hora de partida é às nove. 출발시간은 9시입니다.
- A entrada está inclusa no preço do pacote?
  입장료가 패키지 가격에 포함되어 있나요?

해변 a praia
해안 a costa
바다 o mar
산 a montanha
숲 o bosque
강 o rio
호수 o lago
폭포 a cachoeira
섬 a ilha
동굴 a gruta
곶 o cabo
만 a baía
공원 o parque
광장 a praça
궁전 o palácio
대성당 a catedral
시청 a prefeitura
탑 a torre
식물원 o jardim botânico
동물원 o jardim zoológico
수족관 o aquário
박물관 o museu
미술관 o museu de arte
전시장 a exposição
박람회, 시장 a feira
성 o castelo
텐트 a barraca
파라솔 o guarda-sol

● 관광 상품

패키지 상품 o pacote
패키지 관광 a excursão
주간 투어 o passeio diurno
나이트 투어 o passeio noturno

가이드 o/a guia

관광 가이드북 o guia turístico

지도 o mapa

여행일정 o itinerário

출발시간 a hora de partida

도착시간 a hora de chegada

관광지 o lugar turístico

명소 o lugar famoso

여행티켓 a passagem

입장권 a entrada, o ingresso

관광안내소 o posto de informação turística

관광여행사 a agência de viagens e turismo

● 사진

사진 a foto, a fotografia

디지털 카메라 a câmera digital

렌즈 a lente

버튼 o botão

필름 o filme

건전지 a pilha

배터리 a bateria

현상 a revelação

선글라스 os óculos de sol

다 함께 사진 찍자. Vamos tirar uma foto juntos.

치즈~ 하나, 둘, 셋, 찰칵. Xis, um, dois, três e já.

여기를 보세요. Olha o passarinho.

37 병원 Hospital, 신체 Corpo

- Gostaria de marcar **uma consulta** para amanhã.
  내일로 진료 예약을 하고 싶습니다.

- O que o senhor tem? 어떠한 증상이 있으세요?
  – Tenho **febre** e **dor de cabeça**. 열이 나고 두통이 있습니다.

- Passe **pomada** na perna e coloque um **esparadrapo**.
  다리에 연고를 바르고 반창고를 붙이세요.

● 병원

병원 o hospital

진료소(의원) o consultório

응급실 o pronto-socorro

구급차 a ambulância

환자 o/a paciente

의사 o/a médico/a

간호사 o/a enfermeiro/a

체온 a temperatura

맥박 o pulso

진료 a consulta

접종 a vacina

주사 a injeção

수술 a operação

처방전 a receita

입원 a hospitalização

치료 o tratamento

침치료 o tratamento de acupuntura

수혈 a transfusão de sangue

헌혈 a doação de sangue

혈액검사 o exame de sangue

소변검사 o exame de urina

● 진료과목

내과 a medicina interna

외과 a cirurgia

성형외과 a cirurgia plástica

소아과 a pediatria

피부과 a dermatologia

안과 a oftalmologia

비뇨기과 a urologia

이비인후과 a otorrinolaringologia

치과 a odontologia

정신과 a psiquiatria

산부인과 a ginecologia e obstetrícia

● 질병

소화불량 a indigestão

콜레라 a cólera

황열병 a febre amarela

불면증 a insônia

설사 a diarreia

구토 o vômito

감기 a gripe

빈혈 a anemia

화상 a queimadura

종양 o tumor

신경통 a neuralgia

류마티스 o reumatismo

고혈압 a pressão alta

염증 a inflamação

결막염 a conjuntivite

편도선염 a amidalite

장염 a enterite

치주염 a periodontite

피부염 a dermatite

폐암 o câncer de pulmão

대장암 o câncer de intestino

유방암 o câncer de mama

알레르기 a alergia

말라리아 a malária

당뇨병 o/a diabetes

현기증 a vertigem, a tontura

변비 a prisão de ventre

결핵 a tuberculose

오한 o calafrio

폐렴 a pneumonia

물집 a bolha

비만 a obesidade

실신 o desmaio

심장발작 o ataque cardíaco

저혈압 a pressão baixa

위염 a gastrite

비염 a rinite

중이염 a otite

간염 a hepatite

충수염 a apendicite

아토피 피부염 a dermatite atópica

위암 o câncer de estômago

간암 o câncer de fígado

자궁경부암 o câncer do colo do útero

● 약

약 o remédio

약국 a farmácia, a drogaria

약사 o/a farmacêutico/a

진통제 o analgésico

소화제 o digestivo

해열제 o antifebril

항생제 o antibiótico

소염제 o anti-inflamatório

피임약 o anticoncepcional

진정제 o calmante

아스피린 a aspirina

타이레놀 o tylenol

알약 o comprimido

캡슐 a cápsula

시럽 o xarope

비타민 a vitamina

연고 a pomada

탈지면 o algodão hidrófilo

반창고 o esparadrapo

거즈 a gaze

붕대 a atadura

밴드, 드레싱 o curativo

● 신체

1) 얼굴

얼굴 o rosto

머리 a cabeça

머리카락 o cabelo

이마 a testa

눈썹 a sobrancelha

속눈썹 a pestana, o cílio

눈꺼풀 a pálpebra

눈 o olho

코 o nariz

귀 a orelha

입 a boca

입술 o lábio

혀 a língua

치아 o dente

잇몸 a gengiva

뺨 a bochecha

턱 o queixo

2) 몸통

몸 o corpo

목 o pescoço

목덜미 a nuca

어깨 o ombro

가슴 o peito

유방 o seio

유두 o mamilo

겨드랑이 o sovaco, a axila

배 a barriga

배꼽 o umbigo

허리 a cintura

등 as costas

골반 o quadril

엉덩이 a bunda

3) 팔

팔 o braço

팔꿈치 o cotovelo

손 a mão

손목 o pulso

손등 o dorso da mão

손바닥 a palma da mão

손톱 a unha

손가락 o dedo

엄지 o polegar

검지 o dedo indicador

중지 o dedo médio

약지 o dedo anelar, o dedo anular

새끼손가락 o dedo mínimo

4) 다리

다리 a perna

허벅지 a coxa

무릎 o joelho

장딴지 a panturrilha, a batata da perna

발 o pé

발가락 o dedo do pé

발목 o tornozelo

발뒤꿈치 o calcanhar

아킬레스건 o tendão de Aquiles

5) 피부

피부 a pele

점 a pinta

여드름 a espinha

턱수염 a barba

털 o pelo

주름 a ruga

콧수염 o bigode

구렛나루 a costeleta

6) 기관

기관 o órgão

갈비뼈 a costela

인후 a garganta

심장 o coração

위 o estômago

소장 o intestino delgado

간 o fígado

척추 a coluna

고환 o testículo

질 a vagina

항문 o ânus, o cu

뼈 o osso

뇌 o cérebro

귀속 o ouvido

폐 o pulmão

대장 o intestino grosso

신장 o rim

방광 a bexiga

음경 o pênis

음문 a vulva

자궁 o útero

38 개인위생 Higiene pessoal

- Eu vou **fazer a barba** e **cortar as unhas**. 면도하고 손톱을 깎을 거예요.
- Antes de sair, ela sempre **faz maquiagem**.
  외출하기 전에 그녀는 항상 메이크업을 해요.
- Ele **suou** muito na academia. 그는 헬스장에서 땀을 많이 흘렸다.

세수하다 lavar o rosto

양치질하다 escovar os dentes

치실을 쓰다 passar fio dental

면도하다 fazer a barba

샤워하다 tomar banho (de chuveiro)

목욕하다 tomar banho(de banheira)

탈취제를 바르다 passar desodorante

머리를 감다 lavar o cabelo

머리를 헹구다 enxaguar o cabelo

머리를 말리다 secar o cabelo

머리를 빗다 pentear o cabelo

매니큐어를 칠하다 pintar as unhas

선크림을 바르다 passar protetor solar

메이크업을 하다 fazer maquiagem

손톱을 깎다 cortar as unhas

보습제 o hidratante

향수 o perfume

헤어 젤 o gel para cabelo

헤어 스프레이 o fixador de cabelo

고데기 o modelador de cabelo

립스틱 o batom

아이섀도우 a sombra

아이라이너 o delineador

눈썹 연필 o lápis de sobrancelhas

마스카라 o rímel

파우더 o pó facial

파운데이션 a base

매니큐어 o esmalte

아세톤 a acetona

손톱 깎기 o cortador de unha

손톱 줄 a lixa de unha

● 생리 현상

땀나다 suar
땀 o suor
재채기하다 espirrar
재채기 o espirro
기침하다 tossir
기침 a tosse
생리하다 menstruar
생리 a menstruação
소변보다 urinar
소변 a urina
대변보다 defecar
대변 as fezes
쉬하다 fazer xixi, fazer pipi
응가하다 fazer cocô
방귀뀌다 peidar, soltar pum
방귀 o peido, o pum
트림하다 arrotar
트림 o arroto
하품하다 bocejar
하품 o bocejo
코골다 roncar
코골이 a ronca
딸꾹질하다 soluçar
딸꾹질 o soluço
토하다 vomitar
토 o vômito
침 뱉다 cuspir
침 o cuspe, a saliva
기절하다 desmaiar
기절 o desmaio

● 관련 증상

간지럼 as cócegas
가려움증 a coceira
입냄새 o mau hálito
발냄새 o chulé
코막힘 a congestão nasal
콧물 o corrimento nasal
코피 o sangramento do nariz
가래 o catarro

39 사고 Acidente

- O que aconteceu ontem? 어제 무슨 일 있었어요?
  – Perdi a carteira no metrô. 어제 지하철에서 지갑을 잃어버렸어요.
- Meu passaporte foi roubado durante a viagem. 여행 중에 여권을 도난당했어요.
- Sofri um acidente de trânsito de manhã. 아침에 교통사고를 당했어요.

지갑을 분실하다 perder a carteira

~을 도난당했다 ~foi roubado/a

경찰에 신고하다 fazer uma denúncia à polícia

사건발생증명서를 만들다 fazer um BO (boletim de ocorrência)

교통사고를 당하다 sofrer um acidente de trânsito

차를 박다 bater no carro

심폐소생술을 하다 fazer respiração boca a boca

여권 o passaporte

비행기표 o billhete de avião

백팩 a mochila

서류가방 a pasta

캐리어 a mala

핸드백 a bolsa

분실 a perda

분실하다 perder

절도 o roubo

훔치다 roubar

강도(사건) o assalto

강도질하다 assaltar

납치 o sequestro

납치하다 sequestrar

강간 o estupro

강간하다 estuprar

살인 o assassinato

살인하다 assassinar

도둑 o ladrão, a ladra

강도(사람) o/a assaltante

납치범 o/a sequestrador(a)

살인범 o/a assassino(a)

강간범 o/a estuprador(a)

범인 o/a criminoso/a

범죄 o crime

피해자 a vítima

증인 a testemunha

용의자 o/a suspeito/a

사고 o acidente

부상 o ferido

폭행 a violência

무기 a arma

경찰 a polícia

경찰관 o/a policial

경찰서 a delegacia

파출소 o posto policial

대사관 a embaixada

영사관 o consulado

화재 o incêndio

분실물센터 o achados e perdidos

구급상자 a caixa de primeiros socorros

40 세계 Mundo

- Ontem à noite, vimos **a lua cheia** e muitas **estrelas**.
  어제 밤에 보름달과 많은 별들을 봤어요.
- Portugal fica **na Europa** e a Coreia fica **na Ásia**.
  포르투갈은 유럽에 있고, 한국은 아시아에 있다.
- **A capital** do Brasil é Brasília. 브라질의 수도는 브라질리아입니다.

• 우주 Universo

태양 o sol

달 a lua

초승달 a lua crescente

반달 a meia-lua

보름달 a lua cheia

별 a estrela

일식 o eclipse solar

월식 o eclipse lunar

천문학 a astronomia

우주비행사 o/a astronauta

은하계 a galáxia
태양계 o sistema solar
유성 o meteoro, a estrela cadente
위성 o satélite
혜성 o cometa
행성 o planeta
수성 o Mercúrio
금성 o Vênus
화성 o Marte
목성 o Júpiter
토성 o Saturno
천왕성 o Urano
해왕성 o Netuno
명왕성 o Plutão
궤도 a órbita
별자리 a constelação

- 지구 Terra

대양 o oceano
태평양 o Oceano Pacífico
대서양 o Oceano Atlântico
인도양 o Oceano Índico
북극해 o Oceano Ártico
남극해 o Oceano Antártico
북극 o Polo Norte
남극 o Polo Sul
북반구 o Hemisfério Norte
남반구 o Hemisfério Sul
적도 a linha do equador
대륙 o continente
유럽 a Europa
아시아 a Ásia
북미 a América do Norte
남미 a América do Sul
아프리카 a África
오세아니아 a Oceania
남극대륙 a Antártida
유라시아 a Eurásia
대기 a atmosfera
육지 a terra
반도 a península
섬 a ilha
바다 o mar
강 o rio
해협 o canal
사막 o deserto
산 a montanha
산맥 a cordilheira
위도 a linha de latitude
경도 a linha de longitude

● 국가 País

선진국 o país desenvolvido, o país avançado, o país de primeiro mundo

개발도상국 o país em desenvolvimento, o país emergente

후진국 o país subdesenvolvido, o país menos desenvolvido, o país menos avançado

공화국 a república

왕국 o reino

대통령 o presidente

부통령 o vice-presidente

국회 o Congresso Nacional

상원의회 o Senado

상원의원 o/a senador(a)

하원의회 a Câmara dos Deputados

하원의원 o/a deputado/a

시의회 a Câmara Municipal

시의원 o/a vereador(a)

고등법원(한국의 대법원) o Superior Tribunal de Justiça(STJ)

연방최고법원(한국의 헌법재판소) o Supremo Tribunal Federal(STF)

정부 o governo

연방의 federal

주 o estado

주의 estadual

시 o município

시의 municipal

수도 a capital

도시 a cidade

시청 a prefeitura

국민, 주민 o povo

시민 o cidadão/a cidadã

고향 a terra natal

04 부록

01. 동사변화표

02. 정답표

01 동사변화표

1) 규칙동사

법	시제	인칭/수	falar (-ar) 말하다	comer (-er) 먹다	partir (-ir) 출발하다
직설법	현재	1인칭 단수	falo	como	parto
		3인칭 단수	fala	come	parte
		1인칭 복수	falamos	comemos	partimos
		3인칭 복수	falam	comem	partem
	완전과거	1인칭 단수	falei	comi	parti
		3인칭 단수	falou	comeu	partiu
		1인칭 복수	falamos	comemos	partimos
		3인칭 복수	falaram	comeram	partiram
	불완전과거	1인칭 단수	falava	comia	partia
		3인칭 단수	falava	comia	partia
		1인칭 복수	falávamos	comíamos	partíamos
		3인칭 복수	falavam	comiam	partiam
	미래	1인칭 단수	falarei	comerei	partirei
		3인칭 단수	falará	comerá	partirá
		1인칭 복수	falaremos	comeremos	partiremos
		3인칭 복수	falarão	comerão	partirão
	과거미래	1인칭 단수	falaria	comeria	partiria
		3인칭 단수	falaria	comeria	partiria
		1인칭 복수	falaríamos	comeríamos	partiríamos
		3인칭 복수	falariam	comeriam	partiriam
접속법	현재	1인칭 단수	fale	coma	parta
		3인칭 단수	fale	coma	parta
		1인칭 복수	falemos	comamos	partamos
		3인칭 복수	falem	comam	partam
	과거	1인칭 단수	falasse	comesse	partisse
		3인칭 단수	falasse	comesse	partisse
		1인칭 복수	falássemos	comêssemos	partíssemos
		3인칭 복수	falassem	comessem	partissem
	미래	1인칭 단수	falar	comer	partir
		3인칭 단수	falar	comer	partir
		1인칭 복수	falarmos	comermos	partirmos
		3인칭 복수	falarem	comerem	partirem
현재분사			falando	comendo	partindo
과거분사			falado	comido	partido

2) 불규칙동사

법	시제	인칭/수	ser 이다	estar 있다	ter 가지고 있다	ir 가다	vir 오다
직설법	현재	1단	sou	estou	tenho	vou	venho
		3단	é	está	tem	vai	vem
		1복	somos	estamos	temos	vamos	vimos
		3복	são	estão	têm	vão	vêm
	완전 과거	1단	fui	estive	tive	fui	vim
		3단	foi	esteve	teve	foi	veio
		1복	fomos	estivemos	tivemos	fomos	viemos
		3복	foram	estiveram	tiveram	foram	vieram
	불완전 과거	1단	era	estava	tinha	ia	vinha
		3단	era	estava	tinha	ia	vinha
		1복	éramos	estávamos	tínhamos	íamos	vínhamos
		3복	eram	estavam	tinham	iam	vinham
	미래	1단	serei	estarei	terei	irei	virei
		3단	será	estará	terá	irá	virá
		1복	seremos	estaremos	teremos	iremos	viremos
		3복	serão	estarão	terão	irão	virão
	과거 미래	1단	seria	estaria	teria	iria	viria
		3단	seria	estaria	teria	iria	viria
		1복	seríamos	estaríamos	teríamos	iríamos	viríamos
		3복	seriam	estariam	teriam	iriam	viriam
접속법	현재	1단	seja	esteja	tenha	vá	venha
		3단	seja	esteja	tenha	vá	venha
		1복	sejamos	estejamos	tenhamos	vamos	venhamos
		3복	sejam	estejam	tenham	vão	venham
	과거	1단	fosse	estivesse	tivesse	fosse	viesse
		3단	fosse	estivesse	tivesse	fosse	viesse
		1복	fôssemos	estivéssemos	tivéssemos	fôssemos	viéssemos
		3복	fossem	estivessem	tivessem	fossem	viessem
	미래	1단	for	estiver	tiver	for	vier
		3단	for	estiver	tiver	for	vier
		1복	formos	estivermos	tivermos	formos	viermos
		3복	forem	estiverem	tiverem	forem	vierem
현재분사			sendo	estando	tendo	indo	vindo
과거분사			sido	estado	tido	ido	vindo

법	시제	인칭/수	querer 하고싶다	poder 할 수 있다	fazer 하다	trazer 가져오다
직설법	현재	1단	quero	posso	faço	trago
		3단	quer	pode	faz	traz
		1복	queremos	podemos	fazemos	trazemos
		3복	querem	podem	fazem	trazem
	완전 과거	1단	quis	pude	fiz	trouxe
		3단	quis	pôde	fez	trouxe
		1복	quisemos	pudemos	fizemos	trouxemos
		3복	quiseram	puderam	fizeram	trouxeram
	불완전 과거	1단	queria	podia	fazia	trazia
		3단	queria	podia	fazia	trazia
		1복	queríamos	podíamos	fazíamos	trazíamos
		3복	queriam	podiam	faziam	traziam
	미래	1단	quererei	poderei	farei	trarei
		3단	quererá	poderá	fará	trará
		1복	quereremos	poderemos	faremos	traremos
		3복	quererão	poderão	farão	trarão
	과거 미래	1단	queria	poderia	faria	traria
		3단	queria	poderia	faria	traria
		1복	queríamos	poderíamos	faríamos	traríamos
		3복	queriam	poderiam	fariam	trariam
접속법	현재	1단	queira	possa	faça	traga
		3단	queira	possa	faça	traga
		1복	queiramos	possamos	façamos	tragamos
		3복	queiram	possam	façam	tragam
	과거	1단	quisesse	pudesse	fizesse	trouxesse
		3단	quisesse	pudesse	fizesse	trouxesse
		1복	quiséssemos	pudéssemos	fizéssemos	trouxéssemos
		3복	quisessem	pudessem	fizessem	trouxessem
	미래	1단	quiser	puder	fizer	trouxer
		3단	quiser	puder	fizer	trouxer
		1복	quisermos	pudermos	fizermos	trouxermos
		3복	quiserem	puderem	fizerem	trouxerem
현재분사			querendo	podendo	fazendo	trazendo
과거분사			querido	podido	feito	trazido

법	시제	인칭/수	dizer 말하다	saber 알다	dar 주다	ver 보다
직설법	현재	1단	digo	sei	dou	vejo
		3단	diz	sabe	dá	vê
		1복	dizemos	sabemos	damos	vemos
		3복	dizem	sabem	dão	veem
	완전 과거	1단	disse	soube	dei	vi
		3단	disse	soube	deu	viu
		1복	dissemos	soubemos	demos	vimos
		3복	disseram	souberam	deram	viram
	불완전 과거	1단	dizia	sabia	dava	via
		3단	dizia	sabia	dava	via
		1복	dizíamos	sabíamos	dávamos	víamos
		3복	diziam	sabiam	davam	viam
	미래	1단	direi	saberei	darei	verei
		3단	dirá	saberá	dará	verá
		1복	diremos	saberemos	daremos	veremos
		3복	dirão	saberão	darão	verão
	과거 미래	1단	diria	saberia	daria	veria
		3단	diria	saberia	daria	veria
		1복	diríamos	saberíamos	daríamos	veríamos
		3복	diriam	saberiam	dariam	veriam
접속법	현재	1단	diga	saiba	dê	veja
		3단	diga	saiba	dê	veja
		1복	digamos	saibamos	demos	vejamos
		3복	digam	saibam	deem	vejam
	과거	1단	dissesse	soubesse	desse	visse
		3단	dissesse	soubesse	desse	visse
		1복	disséssemos	soubéssemos	déssemos	víssemos
		3복	dissessem	soubessem	dessem	vissem
	미래	1단	disser	souber	der	vir
		3단	disser	souber	der	vir
		1복	dissermos	soubermos	dermos	virmos
		3복	disserem	souberem	derem	virem
현재분사			dizendo	sabendo	dando	vendo
과거분사			dito	sabido	dado	visto

법	시제	인칭/수	ler 읽다	subir 오르다	ouvir 듣다	pedir 요청하다
직설법	현재	1단	leio	subo	ouço	peço
		3단	lê	sobe	ouve	pede
		1복	lemos	subimos	ouvimos	pedimos
		3복	leem	sobem	ouvem	pedem
	완전 과거	1단	li	subi	ouvi	pedi
		3단	leu	subiu	ouviu	pediu
		1복	lemos	subimos	ouvimos	pedimos
		3복	leram	subiram	ouviram	pediram
	불완전 과거	1단	lia	subia	ouvia	pedia
		3단	lia	subia	ouvia	pedia
		1복	líamos	subíamos	ouvíamos	pedíamos
		3복	liam	subiam	ouviam	pediam
	미래	1단	lerei	subirei	ouvirei	pedirei
		3단	lerá	subirá	ouvirá	pedirá
		1복	leremos	subiremos	ouviremos	pediremos
		3복	lerão	subirão	ouvirão	pedirão
	과거 미래	1단	leria	subiria	ouviria	pediria
		3단	leria	subiria	ouviria	pediria
		1복	leríamos	subiríamos	ouviríamos	pediríamos
		3복	leriam	subiriam	ouviriam	pediriam
접속법	현재	1단	leia	suba	ouça	peça
		3단	leia	suba	ouça	peça
		1복	leiamos	subamos	ouçamos	peçamos
		3복	leiam	subam	ouçam	peçam
	과거	1단	lesse	subisse	ouvisse	pedisse
		3단	lesse	subisse	ouvisse	pedisse
		1복	lêssemos	subíssemos	ouvíssemos	pedíssemos
		3복	lessem	subissem	ouvissem	pedissem
	미래	1단	ler	subir	ouvir	pedir
		3단	ler	subir	ouvir	pedir
		1복	lermos	subirmos	ouvirmos	pedirmos
		3복	lerem	subirem	ouvirem	pedirem
현재분사			lendo	subindo	ouvindo	pedindo
과거분사			lido	subido	ouvido	pedido

법	시제	인칭/수	perder 잃어버리다	dormir 자다	preferir 선호하다	pôr 놓다
직설법	현재	1단	perco	durmo	prefiro	ponho
		3단	perde	dorme	prefere	põe
		1복	perdemos	dormimos	preferimos	pomos
		3복	perdem	dormem	preferem	põem
	완전 과거	1단	perdi	dormi	preferi	pus
		3단	perdeu	dormiu	preferiu	pôs
		1복	perdemos	dormimos	preferimos	pusemos
		3복	perderam	dormiram	preferiram	puseram
	불완전 과거	1단	perdia	dormia	preferia	punha
		3단	perdia	dormia	preferia	punha
		1복	perdíamos	dormíamos	preferíamos	púnhamos
		3복	perdiam	dormiam	preferiam	punham
	미래	1단	perderei	dormirei	preferirei	porei
		3단	perderá	dormirá	preferirá	porá
		1복	perderemos	dormiremos	preferiremos	poremos
		3복	perderão	dormirão	preferirão	porão
	과거 미래	1단	perderia	dormiria	preferiria	poria
		3단	perderia	dormiria	preferiria	poria
		1복	perderíamos	dormiríamos	preferiríamos	poríamos
		3복	perderiam	dormiriam	prefeririam	poriam
접속법	현재	1단	perca	durma	prefira	ponha
		3단	perca	durma	prefira	ponha
		1복	percamos	durmamos	prefiramos	ponhamos
		3복	percam	durmam	prefiram	ponham
	과거	1단	perdesse	dormisse	preferisse	pusesse
		3단	perdesse	dormisse	preferisse	pusesse
		1복	perdêssemos	dormíssemos	preferíssemos	puséssemos
		3복	perdessem	dormissem	preferissem	pusessem
	미래	1단	perder	dormir	preferir	puser
		3단	perder	dormir	preferir	puser
		1복	perdermos	dormirmos	preferirmos	pusermos
		3복	perderem	dormirem	preferirem	puserem
현재분사			perdendo	dormindo	preferindo	pondo
과거분사			perdido	dormido	preferido	posto

02 정답표

1과

① sou
② está
③ é
④ estou, está
⑤ são
⑥ estão
⑦ é, É
⑧ são, Somos
⑨ estou
⑩ está
⑪ é
⑫ estamos
⑬ estamos
⑭ são
⑮ estão
⑯ são
⑰ está, está
⑱ está
⑲ são
⑳ estamos, estão
㉑ está
㉒ é
㉓ está, Está
㉔ é
㉕ estamos
㉖ somos
㉗ está, é
㉘ está
㉙ é, está
㉚ está, está

2과

① ligo
② moram
③ falo, fala
④ entramos
⑤ pergunta
⑥ tomam
⑦ gostamos
⑧ começam
⑨ muda
⑩ encontramos
⑪ converso
⑫ passa
⑬ almoçamos
⑭ janta
⑮ pensa
⑯ escrevo
⑰ atende
⑱ come, come
⑲ aprendem
⑳ bebemos
㉑ vendo
㉒ responde
㉓ devem
㉔ recebe
㉕ compra, vende
㉖ come, anda
㉗ abre
㉘ partimos
㉙ assistem
㉚ decide

3과

① tenho, vou
② vê
③ ouço
④ podem
⑤ venho
⑥ quer, prefiro
⑦ trago
⑧ diz
⑨ peço
⑩ põe
⑪ damos, dão
⑫ faço, faz
⑬ sei
⑭ sobem
⑮ leio
⑯ durmo
⑰ vão
⑱ perco
⑲ faz, fazem
⑳ saio
㉑ consigo
㉒ dá, dou
㉓ quero
㉔ preferem
㉕ divirto
㉖ põem, ponho
㉗ tenho, tem
㉘ vejo
㉙ vêm, sirvo
㉚ posso

4과

① andei
② decidi
③ esperou
④ convidei
⑤ responderam
⑥ vendeu
⑦ Abrimos
⑧ voltou
⑨ partiram
⑩ assisti
⑪ lavamos
⑫ viveram
⑬ começou
⑭ cheguei
⑮ dançou
⑯ tive
⑰ foi
⑱ fui, dormi
⑲ fiquei
⑳ disseram
㉑ vi
㉒ leu
㉓ demos
㉔ ficou, soube
㉕ pude
㉖ fizemos
㉗ quis
㉘ esteve
㉙ vieram
㉚ trouxe, fiz

5과

① fumava, bebia
② era, tinha
③ discutia
④ costumava
⑤ encontrava, divertia
⑥ estavam
⑦ ouvia, pensava
⑧ almoçávamos
⑨ tinha
⑩ escrevia
⑪ trabalhava
⑫ tinha, comíamos
⑬ tentava, morria
⑭ dividia
⑮ dormiam, trabalhava
⑯ recebia
⑰ podia
⑱ chamava, brincava
⑲ estava
⑳ estavam
㉑ estudava, trabalhava
㉒ falava, interrompia
㉓ estava
㉔ podia
㉕ fazia, punha
㉖ tinha, era
㉗ vinha, tinha
㉘ olhavam, sorria
㉙ íamos
㉚ era, viajava

6과

① viajarei
② estudará
③ jogará
④ comerão
⑤ trabalharei
⑥ faremos
⑦ abrirá
⑧ terá
⑨ virão
⑩ direi
⑪ traremos
⑫ poderá
⑬ Será
⑭ Saberei
⑮ trará
⑯ poderiam
⑰ seria
⑱ verificaria
⑲ faria
⑳ diria
㉑ explicaria
㉒ estudaria
㉓ gostaria
㉔ ficaria
㉕ Seriam
㉖ abriríamos
㉗ poderia
㉘ traria
㉙ compraria
㉚ faria

7과

① tenho estudado
② tem lido
③ temos trabalhado
④ têm comido
⑤ tenho viajado
⑥ tem feito
⑦ temos visto
⑧ tem escrito
⑨ têm assistido
⑩ tenho praticado
⑪ tinha pensado
⑫ tinham ido
⑬ tinha partido
⑭ tinha viajado
⑮ tinham saído
⑯ tínhamos vendido
⑰ tinha visto
⑱ tinha começado
⑲ tinha esquecido
⑳ tínhamos feito
㉑ tinha aberto
㉒ tinha gasto/tinha gastado
㉓ tinham avisado
㉔ tinha planejado
㉕ tinha decidido
㉖ tinha pago, tinha pagado
㉗ tinha trabalhado/tinha dormido
㉘ tinha descoberto
㉙ tinha vindo
㉚ tinha jantado

8과

① entendam
② goste
③ se forme
④ Aguarde
⑤ Abra
⑥ possamos
⑦ venham
⑧ façamos
⑨ fumem
⑩ durma, seja
⑪ traga
⑫ conte
⑬ repitam
⑭ vá
⑮ desista
⑯ siga
⑰ sejamos
⑱ escute
⑲ saiba
⑳ peça
㉑ esteja
㉒ venha
㉓ seja
㉔ espere
㉕ queira
㉖ tenha
㉗ vista
㉘ compreendam
㉙ fiquemos
㉚ diga

9과

① desse
② pudéssemos
③ fosse
④ houvesse
⑤ dissesse
⑥ tivesse
⑦ trouxessem
⑧ deixassem
⑨ conseguisse
⑩ jogasse
⑪ estudasse
⑫ vendesse
⑬ fizesse
⑭ viesse
⑮ mentisse
⑯ ganhasse
⑰ partisse
⑱ bebesse
⑲ falassem
⑳ tivesse
㉑ pudesse
㉒ fosse
㉓ quisesse
㉔ fizesse
㉕ acabasse
㉖ estivessem
㉗ soubesse
㉘ entendesse
㉙ tivesse
㉚ fosse

10과

① chegar
② formos
③ responder
④ der
⑤ vierem
⑥ souber
⑦ chegarem
⑧ fecharmos
⑨ puder
⑩ sair
⑪ quiser
⑫ estiverem
⑬ estudar
⑭ tiver
⑮ pagar
⑯ estiver
⑰ chover
⑱ fizerem
⑲ for
⑳ vier
㉑ quiser
㉒ for
㉓ Faça, fizer
㉔ Seja, for
㉕ Seja, for
㉖ seja, for
㉗ Aconteça, acontecer
㉘ Diga, disser
㉙ Esteja, estiver
㉚ Escolha, escolher

11과

① O
② um
③ Os
④ uma
⑤ uns
⑥ uma
⑦ As
⑧ um
⑨ uma, um
⑩ um, uma
⑪ O
⑫ um, um
⑬ umㄴa
⑭ As
⑮ um, uma
⑯ bonita, confortável
⑰ famosas
⑱ ruim
⑲ coreanas, modernas
⑳ italiana, japoneses, alemães
㉑ azuis, amarela
㉒ difíceis, interessantes
㉓ caras, novas
㉔ clara
㉕ lindas, fantásticas
㉖ cansados
㉗ delicioso
㉘ molhadas
㉙ emocionante
㉚ alegres

12과

① Eu
② Você
③ Ele
④ Elas
⑤ Nós
⑥ nossa
⑦ meu
⑧ suas
⑨ Minha
⑩ Nossos
⑪ Seu, minha
⑫ nosso
⑬ meus
⑭ sua
⑮ dele
⑯ deles, dela
⑰ dele, dela
⑱ Este
⑲ Aquele
⑳ Estes
㉑ Esse
㉒ Aquela
㉓ Aquelas
㉔ aqui
㉕ ali
㉖ aí
㉗ aqui
㉘ ali
㉙ aqui
㉚ lá

13과

① Qual
② Quem
③ Como
④ Quantos
⑤ Quando
⑥ Qual
⑦ Onde
⑧ A que
⑨ Qual
⑩ Quanto
⑪ Onde
⑫ Por que
⑬ O que
⑭ Quantos
⑮ Onde
⑯ Qual
⑰ Com quem
⑱ De onde
⑲ Quando
⑳ Que
㉑ Quantos
㉒ Que
㉓ Que
㉔ A que
㉕ Que
㉖ Por que
㉗ Quem
㉘ Que
㉙ Quantos
㉚ Como

14과

① onze
② quinze
③ primeira
④ dois, duas
⑤ terceira, mil novecentos e setenta
⑥ sexto
⑦ vinte e oito
⑧ décima
⑨ segundo
⑩ doze
⑪ dia primeiro de outubro
⑫ o sétimo capítulo
⑬ o século vinte
⑭ o décimo quinto andar
⑮ o primeiro filho
⑯ a segunda filha
⑰ o décimo oitavo aniversário
⑱ quarta
⑲ terceiro, segunda
⑳ vigésimo
㉑ dois oitavos
㉒ quatro nonos
㉓ cinco treze avos
㉔ sete quinze avos
㉕ o dobro
㉖ três vezes maior / o triplo
㉗ metade
㉘ cinco vezes mais
㉙ metade
㉚ dez vezes mais caro

15과

① Normalmente / Geralmente
② muitas vezes / frequentemente
③ Às vezes / De vez em quando
④ sempre
⑤ muitas vezes / frequentemente
⑥ às vezes / de vez em quando
⑦ sempre
⑧ Raramente
⑨ sempre
⑩ muitas vezes / frequentemente
⑪ dentro da
⑫ fora da
⑬ atrás da
⑭ em cima da
⑮ embaixo da
⑯ perto da
⑰ ao lado do
⑱ longe da
⑲ baixo da
⑳ frente da
㉑ Amanhã de manhã
㉒ ontem à noite
㉓ hoje à tarde
㉔ à noite
㉕ da manhã, da noite
㉖ Neste fim de semana
㉗ logo
㉘ durante as férias
㉙ cedo
㉚ hoje à noite

16과

① me
② te
③ nos
④ me
⑤ mim
⑥ me
⑦ te
⑧ alguma
⑨ nada
⑩ nenhum
⑪ alguma
⑫ todos
⑬ vários
⑭ outras
⑮ cada
⑯ tudo, nada
⑰ todas
⑱ Qualquer
⑲ outro
⑳ várias
㉑ se divertiu
㉒ se conhecem, se amam
㉓ se vestiram
㉔ se dá
㉕ se sentindo
㉖ que
㉗ que
㉘ quem
㉙ qual
㉚ onde

17과

① no, de
② pela
③ em
④ com
⑤ sem
⑥ em, de
⑦ para
⑧ ao, no
⑨ com
⑩ sobre
⑪ até
⑫ para
⑬ No, na
⑭ com
⑮ para
⑯ pelas
⑰ à
⑱ a
⑲ em
⑳ Além de
㉑ através da
㉒ de graça
㉓ de propósito
㉔ apesar de
㉕ em vez de
㉖ por causa de
㉗ de repente
㉘ por acaso
㉙ de acordo com
㉚ por enquanto

18과

① mais, barato, (do) que
② mais, cansativa, (do) que
③ mais, moderno, (do) que
④ tão, caro, quanto
⑤ mais, ocupado, (do) que
⑥ mais, sérios, (do) que
⑦ tão, bem, quanto
⑧ mais, fraco, (do) que
⑨ tão, limitado, quanto
⑩ mais, rápidos, (do) que
⑪ menos, confortáveis, (do) que
⑫ mais, frio, (do) que
⑬ tão, experiente, quanto
⑭ mais, curto, (do) que
⑮ tão, difícil, quanto
⑯ tanta, quanto
⑰ tantos, quanto
⑱ tantas, quanto
⑲ tanto, quanto
⑳ tantos, quanto
㉑ o, mais, da
㉒ a, mais, da
㉓ o, mais, da
㉔ o, mais, da
㉕ a, mais, do
㉖ a, mais, do
㉗ o, mais, do
㉘ o, mais, que
㉙ o, mais, do
㉚ o, mais, da

19과

① cafezinho
② mulherzinha
③ limpinho
④ gatinho
⑤ bonitinha
⑥ pedacinho
⑦ filminho
⑧ ruazinha
⑨ rapidinho
⑩ casinha
⑪ comidinha
⑫ baixinho
⑬ pertinho
⑭ todinha
⑮ comecinho, finzinho
⑯ direitinho
⑰ um pouquinho
⑱ programão
⑲ rapazão
⑳ chefão
㉑ carrão
㉒ peixão
㉓ mãezona
㉔ problemão
㉕ favorzão
㉖ tempão
㉗ casarão
㉘ mulherão
㉙ homenzarrão
㉚ borboletona

20과

① estou cozinhando
② está lendo
③ estão pesquisando
④ estão trabalhando
⑤ estamos tomando
⑥ estava estudando
⑦ estavam jantando
⑧ estávamos assistindo
⑨ estavam dormindo
⑩ estava trabalhando
⑪ foi publicado
⑫ foram convidados
⑬ eram escritas
⑭ foi oferecida
⑮ foi assinado
⑯ foi encontrada
⑰ serão exportados
⑱ seria atendido
⑲ foram construídas
⑳ foi atingida
㉑ é falado
㉒ fui informado
㉓ será consertado
㉔ foi concluída
㉕ foi adiada
㉖ fosse resolvida
㉗ for entregue
㉘ foi descoberta
㉙ serão resolvidos
㉚ fosse apresentado